数字化时代
农村空巢老人社会支持研究

陈 继 著

合肥工业大学出版社

前　言

国家统计局数据显示，截至 2021 年底，我国 60 岁及以上老年人口达 2.67 亿，占总人口的 18.9%。预计到 2050 年前后，我国老年人口将达到峰值 4.87 亿，占总人口的 34.9%。由此可见，"未富先老""未备先老"基本事实将是中国进入老龄化社会的显著特征。党的二十大报告指出，实施积极应对人口老龄化国家战略，发展养老事业和养老产业，优化孤寡老人服务，推动实现全体老年人享有基本养老服务。同时，我国深入实施创新驱动发展战略，把技术创新作为积极应对人口老龄化的第一动力和战略支撑。值得注意的是，第 49 次《中国互联网络发展状况统计报告》显示，截至 2021 年 12 月，我国 60 岁及以上老年人口互联网普及率仅为 43.2%。而在老年人群中，伴随人口流动时代而产生的农村空巢老人，无疑是值得重点关注的部分。在数字化时代有效解决农村空巢老人社会支持问题，帮助他们共享数字化红利，适应数字化生活，达到共同富裕目标，具有现实意义。

基于此，本书立足不同时点，采用同期群研究策略，以安徽省 H 市 S 镇 F 新型社区、安徽省 C 县 Z 乡 D 村为研究样本点，通过问卷调查、深度访谈、非结构观察等多种方式收集相关资料，并进行客观描述和重点分析。具体而言：一是基于时期性特点，深度描述数字化时代农村空巢老人基本生存境遇，且在经济供给、精神娱乐、社会交往、日常生产等方面予以展开。二是从总体层面、类别化层面以及数字化独特性层面全景式展示农村空巢老人社会支持现状，并具化为实际支持、情感支持以及社交支持等样貌。本书以此为据，进一步呈现数字化时代农村空巢老人经济支持泛数据化、情感供给非人格化、精神娱乐拟同质化、社会交往超虚拟化等基本样态。三是对收集到的资料进行系统分类和逻辑归纳，提出影响这一群体社会支持的基本要素，并从个体人口学特征、意识思维、行动方位以及政府政策保障等方面展开分析。四是着力探究建构这一现实困境的底层逻辑，主要在于空巢群体传统认知、个体生理以及日常实践惯习等方面，并表征为数字化意识薄弱、数字化知识学习缓慢、生活惯习累积过甚所致。五是基于上述种种样态，本书从社会学、人口学等学理层面予以解读并提出一定的纾解策略。

　　本书创新之处：一是将农村空巢老人置于网络化社会框架内，基于不同分期要求从现象与成因上探讨他们留守农村生存境遇总体性表达、类别化表征以及数字化困扰等社会支持不足、分期异同所在，据此提出应对策略，用以帮助这一群体尽快适应数字化时代生存模式，共享数字社会红利。二是基于社会学相关理论，运用社会排斥理论、实践惯习理论等深度解读农村空巢老人社会支持问题，将正式制度、非正式制度与数字化时代农村空巢老人社会支持相互勾连，在理论上进行适当外推。三是运用统合性策略，从政府、市场、社会、家庭以及个体等多元主体层面提出纾解农村空巢老人社会支持困境的对策与建议。

目　录

第一章 导 论

第一节 研究缘起和研究问题

一、研究背景和缘起

党的二十大报告指出，实施积极应对人口老龄化国家战略，发展养老事业和养老产业，优化孤寡老人服务，推动实现全体老年人享有基本养老服务[①]。国家统计局数据显示，截至 2021 年底，我国 60 岁及以上老年人口达 2.67 亿，占总人口的 18.9%[②]。预计到 2050 年前后，我国老年人口将达到 4.87 亿，占总人口的 34.9%。由此可见，"未富先老""未备先老"基本事实将是中国进入老龄化社会的显著特征[③]。同时，我国深入实施创新驱动发展战略，把技术创新作为积极应对人口老龄化的第一动力和战略支撑。值得注意的是，根据第 49 次《中国互联网络发展状况统计报告》，截至 2021 年 12 月，

[①] 习近平．高举中国特色社会主义伟大旗帜　为全面建设社会主义现代化国家而团结奋斗——在中国共产党第二十次全国代表大会上的报告［EB/OL］．（2022－10－25）［2025－05－20］．http：//www. gov. cn/xinwen/2022－10/25/content_5721685. htm.

[②] 国家统计局．第七次全国人口普查公报（第五号）［EB/OL］．（2021－05－11）［2025－05－20］．http：//www. stats. gov. cn/sj/zxfb/202302/t20230203_1901085. html.

[③] 尹成杰．关于农村全面建成小康社会的几点思考［J］．农业经济问题，2019（10）：4－10.

我国 60 岁及以上老年人口互联网普及率仅为 43.2%[①]。另据统计，中国每 2 个人中就有 1 个人使用手机上网，但每 5 个老年人中才有 1 个人使用移动互联网[②]。在这些老年人群中，伴随人口流动时代而产生的农村空巢老人（全部子女长期离开户籍地进城务工或经商或从事其他生产经营活动而在家留守的父母），无疑是值得重点关注的部分。预计 2030 年空巢老人家庭数量比例将达到 90%[③]。有研究指出，农村非空巢老人上网概率比空巢老人高近 4 成，城市老人上网概率则是农村空巢老人的 3.5 倍[④]。在数字化时代，有效解决农村空巢老人社会支持问题，帮助他们共享数字化生活，熟练运用微信、支付宝对接农村电商产品，做到无障碍外出、消费、就医、办事等，进而跨越一系列"数字鸿沟"，实现老有所养、老有所医、老有所为、老有所学、老有所教、老有所乐等 6 个"老有"目标，对于实施积极应对人口老龄化国家战略以及平稳度过人口老龄化社会危机，具有重要的促进作用。

二、研究问题

本书基于数字化、老龄化特殊社会背景，在借鉴他人研究资料和笔者实地调研的基础上，以个案为依托，通过深入乡（镇）、村（社区）采用问卷调查、深度访谈、非结构观察等方式，调查了解农村空巢老人社会支持方面存在的问题，尤其是数字化转型时期社会适应性问题等，并尝试运用社会学相关理论进行解读。具体而言，重点关注问题有以下几点：一是当数字化叠加传统养老问题时，农村空巢老人社会支持总体状况是怎样的，类别化呈现方式如何，其数字化困境基本样态体现出怎样的特点？二是这一群体社会支持困境生成原因、影响因素、行动逻辑，以及在学理层面怎么予以解释？三是纾解上述困境应该从哪些方面着手，其对于总体上解决

---

① 中国互联网络信息中心. 第 49 次中国互联网络发展状况统计报告 [EB/OL]. (2022-02-25) [2025-05-20]. https://www.cnnic.cn/n4/2022/0401/c88-1131.html.
② 黄晨熹. 老年数字鸿沟的现状、挑战及对策 [J]. 人民论坛，2020 (29)：126-128.
③ 胡月琴，王兰爽. 北京地区社区空巢老人社会交往与认知能力的关系 [J]. 中国老年学杂志，2020，40 (4)：884-887.
④ 周博. 人口流动背景下的中国城乡"数字鸿沟"[J]. 求索，2021 (6)：112-120.

老年人群养老问题，以及实施积极应对人口老龄化国家战略具有哪些促进作用与外溢性价值？

第二节 研究目的和研究意义

一、研究目的

当前，农村空巢老人数量正呈几何倍数增长。作为社会成员中的弱势群体，农村空巢老人留守生活有着自身所独有的特点。社会支持对于社会稳定发展具有重要的保障功能，其最典型范例就是建立社会保障制度，从制度上保证弱势群体的最低生活经济来源。比如，在计划经济体制下，政府扮演社会资源分配者角色，政府成为正式社会支持的主体；而在市场经济体制下，政府部分职能逐渐转移，社会将扮演越来越重要的角色，来自社会层面的支持将成为非正式社会支持的主要组成部分。笔者希望通过实证调查来探索和描述空巢老人留守农村的日常生存样态、生活境遇、社会支持现状，以及数字化时代适应性困境，并对引发这种状况的影响因素进行理性分析和逻辑提炼。最终目的在于唤醒更多学者和社会成员的关注，从更多层面给予这一特殊群体帮助和支持，达到他们安享晚年生活的目标。

二、研究意义

（一）理论意义

数字化时代，在城乡二元体制逐渐消解、城乡融合进程加快以及老龄化社会过速等多重背景下，社会结构日益呈现出多样化和复杂性，社会群体日益凸显异质性和"碎片化"状态，社会成员中的压力群体与弱势群体逐渐增加。如何帮助这一群体适应社会生活，达到和谐状态，具有重大理论意义。一是数字化时代与传统养老模式并存，需要学者采用动态视野关注农村空巢老人养老问题，而这也是基于人口流动时代叠加信息社会提出的新课题。二是实施积极应对人口老龄化国家战略，让全体老人共享晚年幸福生活，农村空巢老人群体不能排斥在外。因此，当数字化遭遇老龄化，研究这一群体留守农村社会支持困境，对于平稳应对老龄化社会危机，实现民生为本以及中国式现代化目标具有积极价值。三是在分析农村空巢老人社会支持困境影响因素时，不仅提出其基于外在层面的制度性约制，也提出其在日常实践中的惯习思维所导致的内在约束，对于推动已有研究中关于农村空巢老人养老问题具有理论价值。

（二）现实意义

相较于城市空巢老人以及其他农村老人，农村空巢老人社会支持面临的问题更多，情况更复杂，个性更鲜明。有鉴于此，了解这一群体社会支持状况，探究影响他们社会支持的主要因素，对于了解农村空巢老人留守晚景，帮助他们提高生活质量、安度晚年，具有一定的现实意义。一是农村空巢老人是老年群体的一部分，探究这一群体留守农村社会支持问题，尤其是面对数字化时代的适应性困境，剖析其原因并提出纾解策略，帮助这一群体安度晚年具有一定的现实价值；二是农村空巢老人社会支持中的数字化困扰是人口流动时代的表征，探究这一群体养老问题并提出解决策略，对于帮助其子女外出、安于务工生活，做到务工挣钱与养老尽孝两不误，具有一定的实践价值；三是运用社会学相关理论解读农村空巢老人社会支持影响因素，对于推动学科发展从单一路径走向老年社会学、人口社会学、农村社会学等多元建构模式，具有一定的参考价值。

第三节　研究综述

一、文献回顾

在中国社会转型和体制转轨特殊时期，尤其是进入后发现代性阶段，伴随着网络社会崛起，经济发展和社会矛盾等诸多问题层出迭起，引发了学者们对于此类问题的人文关怀和理性思考。现围绕本书的研究主题，主要从农村空巢老人本体性、空巢老人社会支持经验和老年人群数字化支持困境等几个维度来对前期相关成果作一简单梳理和概要评述。

(一)农村空巢老人本体性研究

随着城乡融合进程和老龄化形势不断演进，日益发达的劳务经济促发着农村青壮年外出务工，而与此相应的是催生着农村老人留守空巢的必然性。面对农村空巢老人日渐增多的事实，对于这一群体的研究自然进入了学者们的视野，成为其关注对象，并且已经形成了一大批较有影响的学术成果。

1. 空巢成因方面

从已有文献看，学者们认为应从两个方面阐述空巢老人出现的原因[①]。一方面是从我国正处于社会转型时期的背景出发，有学者指出快速城市化和工业化进程带动大量的农村剩余劳动力向城市转移。而转移出来的劳动力主要是年富力强的青壮年，由此造成了农村家庭的"空巢化"和农村社会的"空穴化"，从而出现了大量的农村空巢老人。另一方面是从我国城乡分割的二元经济社会结构这一制度性背景出发，有学者指出由于制度性障碍的存在，进城农民工无法享受与城市人相同的社会保障和福利待遇、户籍制度等，诸多条件限制使得农民工只能往返于城乡之间，并不能将家庭迁至城市，从而导致包括老人在内的农村"空巢家庭"的出现。

但是，这些观点只是说明了以往研究中的社会结构视角，而没有探究农民个体本身原因。因此，针对主位身份的不同，有少数研究者从老人自身因素和特点出发对老人留守（空巢）的原因进行了分析，认为老人对原居住地特定生活环境的留恋、良好的关系网络和老年人对城市生活的排斥感等，这些也是导致城市化过程中老人留守农村的部分因素[②]。除了极少部分子女不愿带老人进城外，更多老人不愿离开长期居住的地区，尤其是 70 岁以上的高龄

---

① 蔡蒙. 劳务经济引致下的农村留守老人生存状态研究——基于四川省金堂县竹篙镇的实证分析 [J]. 农村经济, 2006 (4): 118—121.

② 胡强强. 城镇化过程中的农村"留守老人"照料 [J]. 南京人口管理干部学院学报, 2006 (2): 25—28.

老人对城镇生活有一种明显的排斥感。自留地及宅基地因素同样是老人留守农村的重要原因。另有学者利用二项 Logistic 回归模型分析了农村空巢老人社区居家养老服务需求的影响因素，证实了健康状况和空巢原因显著影响了空巢老人对社区居家养老服务的需求，凸显了由子女外出务工形成的空巢老人养老困境①。针对空巢老人情感需求，他们提出从政府、社会第三方、乡镇（村）及空巢老人自身等 4 个角度来构建"政府主导、地方响应、社会协同、法律保障、自我适应"的立体化情感抚慰策略体系，使空巢老人不再"空心"②。

另外，还有不少研究者从城乡结构变动角度，证实了城乡迁移会导致留守（空巢）老人的家庭结构和居住方式的改变。这些研究表明，子女外出会使留守（空巢）老人在居住方式上逐渐趋于隔代化，并且其家庭结构也缩小了。杜鹏等人指出，城乡迁移对农村家庭结构从扩大家庭到核心家庭转化的影响显而易见，并具有推动传统"情感扩大式家庭"向"情感核心家庭"转变的潜在力量③。原新指出，关注和解决农村空巢老人养老问题，结合当前农村实际情况，应通过整合政府、社会、家庭和个人力量，在老人增收、制度建设、政策支持、多元养老模式等方面，构筑农村空巢老人养老保障体系④。

2. 经济供养方面

有学者认为，子女迁移对留守（空巢）老人经济供养有两方面影响。一是认为子女迁移对空巢老人经济方面具有积极影响。这主要体现在祖尼加和赫尔南德兹对墨西哥留守（空巢）老人的研究⑤，以及克诺德和沙恩迪恩加对

① 姚虹，向运华. 健康状况、空巢原因与社区居家养老服务需求——以恩施市农村空巢老人为例 [J]. 社会保障研究，2018 (1)：13−19.

② 苏珂，李付星，李月恩. 农村空巢老人的情感诉求及抚慰策略 [J]. 西北农林科技大学学报（社会科学版），2018, 18 (5)：79−85.

③ 杜鹏，李一男，王澎湖，等. 流动人口外出对其家庭的影响 [J]. 高等学校文科学术文摘，2007 (2)：182−183.

④ 原新. 农村空巢老人的养老困境与化解之道 [J]. 人民论坛，2019 (28)：69−71.

⑤ 杜鹏，丁志宏，李全棉，等. 农村子女外出务工对留守老人的影响 [J]. 人口研究，2004 (6)：44−52.

泰国 4 个村庄留守老人的案例研究中①。李强②在研究后也发现，与其他国家相比，我国外出农民工汇款的比例最高。并且这种汇款是持续性的，已成为农村居民稳定的生活来源。可见，子女外出务工使空巢老人经济条件有所改善。詹鸣等人也指出：一是农村外出子女为留守父母所提供的经济支持弥补了其他帮助的不足，给留守在乡下的老人带来了"正效应"③；二是子女迁移对于老人经济供养也有负面影响。

蔡蒙认为，由于收入来源间接性，留守（空巢）老人经济改善程度与子女孝敬程度关联性较强④。虽然留守（空巢）老人的经济状况有所好转，但呈现出不稳定性。而郑青也发现，年轻父母更加关注其子女衣食及上学等问题，家庭经济收入更多地用于子女们身上，用于老人的赡养费用相对减少，很多老人生活水平仅限于温饱型⑤。另有学者结合 Logistic 回归模型，考量空巢老人代际经济支持状况及其影响因素。结果发现，农村空巢老人代际经济支持状况以净供养型为主，其次为净抚养型与供抚平衡型。性别、年龄、自评健康状况、月收入、子女经济情况及居住状况对空巢老人代际经济支持类型具有显著影响⑥。

3. 生活照料方面

有学者认为，留守（空巢）老人的生活照料状况在很大程度上受到家庭结构、居住安排和两代人之间空间距离等因素的影响。例如，瓦尔内特瑞和金在考察阿尔巴尼亚的跨国移民现象时指出，留守（空巢）老人的照料需求

---

① John Knodel, Chanpen Saengtienchai. Rural Parents with Urban Children: Social and Economic Implications of Migration for the Rural Elderly in Thailand [J] . Population, Space and Place, 2007 (12): 193－210.

② 李强. 中国外出农民工及其汇款之研究 [J] . 社会学研究, 2001 (4): 64－76.

③ 詹鸣, 倪友新, 曹跃斌. 第二届人口与计划生育前沿问题论坛——建设社会主义新农村与人口流动问题研讨会综述 [J] . 人口与计划生育, 2006 (9): 19－21.

④ 蔡蒙. 劳务经济引致下的农村留守老人生存状态研究——基于四川省金堂县竹篙镇的实证分析 [J] . 农村经济, 2006 (4): 118－121.

⑤ 郑青. 论地方政府对农村"留守"老人养老的政策导向 [J] . 甘肃行政学院学报, 2004 (4): 17－18.

⑥ 张戈, 罗暄. 农村空巢老人代际经济支持状况及影响因素——以湖南省石门县为例 [J] . 财经理论与实践, 2020, 41 (4): 101－105.

与满足需求的能力之间的差距不能被忽视。赞可瑞·兹默等人以柬埔寨和泰国为例，研究发现虽然当地的农村劳动力外出现象很普遍，但两地都有超过 80％的留守（空巢）老人和至少一个子女同住或住在隔壁，这些子女可以提供一定的照料。约翰·贾尔斯等人对我国农村子女外出决策与老年人健康方面相关性研究结果表明，如果老人健康状况较差，子女外出务工的可能性也会降低，这在一定程度上降低了老人照料风险。张文娟、李树茁研究表明，居住距离的拉大减少了外出子女与父母接触的机会，引起老人家务帮助和日常生活照料资源的减少[①]。另有学者分析指出：一方面照料提供者减少、农业劳动和家务劳动等负担增加使留守农村老人的健康和日常生活照料问题更加严重；另一方面社会照料网络如农村基层组织、农村社区、志愿者等为留守（空巢）老人提供的照料体系还不完善[②]。孝顺愿望实现断裂、联系不方便、农村集体经济薄弱和为老服务意识淡薄、传统观念束缚、社会福利与养老机制不健全等都是导致留守（空巢）老人照料问题严重的因素。

吴春宝等人依托华中师范大学"百村十年观察"数据采集平台，通过分析湖北省 26 个县 869 位农民的调查数据，对空巢老人物质及精神生活进行了研究。结果显示，空巢老人存在经济收入不足、生活负担严重、精神压力较大、社会养老保障欠缺等问题，空巢老人物质和精神生活亟须得到关心[③]。张瑞玲对河南省 14 个地市的 1400 位 60 岁以上的农村老人生活满意度进行调查，运用序列 Logit 回归模型对农村老人生活满意度影响因素进行分析。结果显示，老有适居、身体健康、病有所医等是影响所有农村空巢和非空巢老人生活满意度的共同因素。对于非空巢老人而言，为了提升生活满意度，还需要子女在与老人的互动中多为老人考虑，维护老人的价值和尊严[④]。

① 张文娟，李树茁.子女的代际支持行为对农村老年人生活满意度的影响研究 [J].人口研究，2005 (5)：73-80.
② 孙鹃娟.劳动力迁移过程中的农村留守老人照料问题研究 [J].人口学刊，2006 (4)：14-18.
③ 吴春宝，陈琴.农村空巢老人物质生活与精神状况调查——以湖北省 26 个县 869 位农民为分析样本 [J].调研世界，2013 (11)：37-40.
④ 张瑞玲.农村老人生活满意度研究——基于河南省的实例 [J].统计与信息论坛，2018，33 (1)：114-120.

(二)空巢老人社会支持经验研究

社会支持作为一个科学术语，早在 20 世纪 70 年代就已被国外学者提出并展开研究，进而形成了一系列较有影响的经验和理论成果。但在国内学术界，研究者对于该领域的关注则是 1990 年代后的事情。关于空巢老人社会支持研究，学者们自 21 世纪初开始，而且大多是从经验研究立场出发进行描述和分析。

1. 空巢老人社会支持范围方面

在空巢老人社会支持范围方面，有学者认为不能仅仅关注空巢老人的物质生活和实际困难，还要注重他们的情感需求和心理健康。因为社会支持与个体心理健康有着直接的关系，它在缓解个体心理压力、消除个体心理障碍、增进个体心理健康等方面具有重要的影响作用[①]。有学者以宁波市 266 名老年人为调查对象，运用对比法来着重考察老年人的社会支持和心理健康现状及其关系。结果发现，空巢老人心理健康总分和各因子分均显著低于北京市普通老年人，空巢老人获得的社会支持明显低于非空巢老年人，对社会支持的利用度也低于非空巢老人，但未达到显著水平。这一结果说明空巢老人的社会支持与心理健康具有密切关系[②]。而李兆良等人对长沙市及外县城镇家庭空巢老人进行实地调查后指出，社会支持对心理健康有着积极影响[③]。他通过 3 个维度 10 个条目测量发现，城镇空巢家庭老年人社会支持状况不容乐观，独居老人社会支持最低，其次是与子女同住老人，与配偶同住老人的社会支持最高。这也说明空巢老人晚年生活需要来自外界的各种支持，尤其是对于配偶和子女依赖程度很高。

对于农村空巢老人来说，以自身主动性适应转型中的农村劳作，其生存状况异于其他一般群体。有研究发现，该群体一定程度上存在经济压力较大、

---

① 李强. 社会支持与个体心理健康 [J]. 天津社会科学，1998 (1)：67—70.

② 汪莹，李安彬，陈传锋. 空巢老年人社会支持与心理健康的相关研究 [J]. 大庆师范学院学报，2007 (6)：35—40.

③ 李兆良，高燕，万兵华，等. 城镇"空巢"家庭老年人社会支持状况调查分析 [J]. 医学与社会，2008 (1)：11—13.

基本照顾缺乏、医疗救助不全、精神供给缺位、教育孙辈乏力等问题[①]。其社会支持视角和范围应不断拓展，可以从发挥现代科技惠农效应、尝试社会保障代际转移、完善新型农村合作医疗制度、试行时间储蓄制度、设立村内托老所、建设村中老年活动中心、传扬民俗文化活动、发挥媒体教育功能、构建留守儿童帮扶园地等措施入手，实行多重渠道有机结合，从而构建起全方位的农村空巢老人社会支持网络。

2. 空巢老人社会支持对策建议方面

有学者认为，空巢老人是在中国特有经济社会环境中产生的，是伴随人口流动时代的必然产物。而他们留守过程中产生的诸多问题，需要全社会的共同关注。因此，需要建构一种国家、社会以及家庭共同协作的社会支持体系，来解决空巢老人社会支持不足问题。例如，赵芳等人从社区支持角度对老年人进行了研究，她们认为中国的养老问题是一个动态发展过程，家庭成员虽然仍是空巢老人最主要的照顾资源，但家庭照顾功能因空巢现实正逐渐弱化，所有居家照顾必须配以适当的社区照顾，将老年人服务与其他不同年龄和类型的服务区别开来，独立发展，形成一个支持空巢老人养老的社会支持体系[②]。许传新从城市空巢老人社会支持影响因素出发，指出空巢老人是人口转型、经济发展、代际关系变化等诸因素合力的结果，需要构建多层次、立体化社会支持网络，才能保证这部分老年人能幸福地安度晚年[③]。而陈伟然[④]、申秋红[⑤]等人也在实证研究后，提出空巢老人社会支持不足问题以及纾解策略，认为空巢老人当前面临着突出的经济困难和缺乏照料等问题，应构筑以需求为中心的国家、社区、家庭与老年个体所组成的社会支持系统，以满足老年群体基本生活需求以及各种发展性需求。

---

① 聂志平，傅琼. 农村空巢老人的社会支持网络构建研究：基于江西部分农村地区的调查 [J]. 农林经济管理学报，2014 (3)：328－332.

② 赵芳，许芸. 城市空巢老人生活状况和社会支持体系分析 [J]. 南京师大学报 (社会科学版)，2003 (3)：61－68.

③ 许传新. 城市空巢老年人的社会支持因素分析 [J]. 西北人口，2008 (3)：95－100.

④ 陈伟然. 空巢老人社会支持研究——以长沙市雨花区为例 [J]. 湖南社会科学，2009 (6)：64－66.

⑤ 申秋红，肖红波. 农村留守老人的社会支持研究 [J]. 南方农业，2010 (2)：5－8.

　　另有学者基于抑郁自评量表（CES－D），对196名老人进行问卷调查，考察城乡空巢老人亲子支持特点及其与抑郁的关系。结果表明，农村非空巢老人接受子女的服务支持越多，抑郁水平越低；而对于农村空巢老人，亲子支持可能不影响其抑郁。因此，为了提高老年人的心理健康水平，对待不同处境的老年人应采取不同的干预措施[①]。同时，伴随着城镇化进程，空巢老人在经济支持、日常照料和精神慰藉等方面需求日益增加。还有研究者采取SWOT方法分析了社区医养结合应对空巢老人养老的内部优势和劣势以及外部机遇和挑战，且以生活质量理论和社会支持理论为基础，探讨了社区医养结合的价值，提出了建立和完善社区医养结合的对策建议[②]。

　　3. 空巢老人社会支持功能方面

　　社会支持对空巢老人晚年生活有着怎样的影响，良好的社会支持又是怎么帮助空巢老人安度留守生活的？围绕此类问题展开研究的学者们认为，社会支持网络规模、关系强度对于空巢老人生活满意度以及心理健康作用尤其明显。张友琴在对厦门市城乡老年人社会支持网进行比较的研究中，从网络规模上重点研究了城乡老年人社会支持网的结构性差异和网络规模差异，并着重分析了社会支持的网络规模与老年人生活满意度的关系，认为社会支持网络与老人生活满意度有着紧密的关系，并发挥着积极作用[③]。贺寨平则在社会关系强度上对山西省老年人社会支持状况进行调查分析后认为，老年人支持网关系强度对老年人生活满意度有显著的正面影响，家庭关系对于老年人身心健康具有重要意义[④]。而凯伦·米勒则采用量表法来研究空巢老人社会支持问题[⑤]，她将社会支持测量分为质量和数量两部分，主要研究老年人社会支

　　① 彭华茂，尹述飞. 城乡空巢老人的亲子支持及其与抑郁的关系 [J]. 心理发展与教育，2010 (6)：627－633.

　　② 严妮. 城镇化进程中空巢老人养老模式的选择：城市社区医养结合 [J]. 华中农业大学学报（社会科学版），2015 (4)：22－28.

　　③ 张友琴. 城市化与农村老年人的家庭支持——厦门市个案的再研究 [J]. 社会学研究，2002 (5)：112－118.

　　④ 贺寨平. 个人特征与老年人社会支持 [J]. 江苏社会科学，2008 (5)：99－105.

　　⑤ 贺寨平. 社会网络与生存状态——农村老年人社会支持网研究 [M]. 北京：中国社会科学出版社，2004.

持与生活满意度的关系等。严建雯等人采用问卷调查和统计分析等方法对宁波市 166 名空巢老人心理健康及其影响因素进行了考察[①]，并对影响空巢老人心理健康因素进行回归分析，在此基础上构建空巢老人心理健康影响因素模型。

围绕社会支持功能，李建新等人基于 2008 年中国健康长寿调查数据，在考虑个体特征及社会支持变量的情况下，应用二分 Logit 模型，从不同维度分析中国城市空巢老人生活质量状况[②]。同时，有学者指出为了发挥社会支持最大效应，各级政府应通过构建有效的社会支持体系，帮助城市空巢老人树立老有所为的意识与能力，鼓励和支持他们主动参与进经济、政治、文化和社会生活中去[③]，实现老有所养目标。

（三）老年人群数字化支持困境研究

到了数字化时代，伴随着网络社会的崛起，数字产品下乡等活动的开展使得农村社会接受现代科技的直接输入而快速步入数字通识阶段。农村老年人群也在这一进程中，或者主动适应，或者形成"数字鸿沟"。通过梳理发现，学者关于"数字鸿沟"以及老年人群数字化生存等方面的既有研究较多，考察角度和视点各异。

1. 数字化转型困境方面

数字技术、网络技术、移动通信技术等迅猛发展，使人们生存于数字化的生活空间中。斯坦恩·库恩勒、克劳斯·彼得森等人从数字化与福利国家之间关系的角度提出，强制数字化与排斥之间存在着战略两难[④]。胡姣等人从教育数字化转型的角度提出，数字技术系统信息孤岛和数据管理问题等因素

---

① 严建雯，李安彬. 空巢老年人心理健康影响因素的模型建构 [J]. 浙江社会科学，2008（3）：115—119.

② 李建新，李嘉羽. 城市空巢老人生活质量研究 [J]. 人口学刊，2012（3）：31—41.

③ 张民省. 城市"空巢老人"的社会参与及其拓展方式 [J]. 新视野，2015（3）：101—105.

④ ［挪威］斯坦恩·库恩勒，陈寅章，［丹麦］克劳斯·彼得森，等. 北欧福利国家 [M]. 许烨芳，金莹，译. 上海：复旦大学出版社，2010.

制约着教育数字化转型的实践落地和成效发挥①。另有学者指出，中小企业在数字化转型过程中面临着缺乏数据文化和数据管理实践、数字化转型意识和技能、足够的数字化转型工具、明确的成本与收益分析框架以及政策支持精准度不够等现实困境，需要从顶层设计、政策性平台建设、政策精准支持等方面，加快推动中小企业数字化转型②。郭倩倩认为，数字化交往普遍性放大了单体化、私利化、多元化趋向，造成公共生活退化、公共议题失落以及价值共识消解等公共性困境③。吴彬等人指出，当前我国农业产业数字化转型发展仍面临农业生产数字化程度亟待提高、农业产业数字化转型动力不足、农业产业共生关系中权力固化、农业产业生态位攀升渠道狭窄等困境，并据此提出相应的解决对策④。

2. 老年人群数字化生存困境方面

追溯过往，尼葛洛庞帝提出，数字化时代是人类生存方式的一次重大变革，它对人类生产、生活、文化等各个领域均产生重要影响，人的未来生存也主要建立在数字化平台上⑤。尤其是当前通信技术与信息技术高度融合，使得手机上网、手机信息查询、手机视频、手机支付等移动互联网技术高度发展与普及，更是使得人的数字化生存空间有了更大的拓展可能。但与此同时，人类在享受数字化红利时，也会感受到其所带来的困扰。这一点对于老年人群同样如此。因此，从内涵上来讲，老年人群数字化困境主要是指老年人由于生活习惯、文化水平等因素，不熟悉数字产品使用方法，给日常生活带来困扰的现象。譬如，李广武研究指出，数字技术为人类开辟了虚拟生存空间，人类的真实生活经过数字化处理，被转移到了虚

① 胡姣，彭红超，祝智庭. 教育数字化转型的现实困境与突破路径 [J]. 现代远程教育研究，2022, 34 (5): 72－81.

② 李勇坚. 中小企业数字化转型：理论逻辑、现实困境和国际经验 [J]. 人民论坛（学术前沿），2022 (18): 37－51.

③ 郭倩倩. 数字化交往空间的公共性困境及提升策略 [J]. 中国特色社会主义研究，2022 (4): 80－87.

④ 吴彬，徐旭初. 农业产业数字化转型：共生系统及其现实困境——基于对甘肃省临洮县的考察 [J]. 学习与探索，2022 (2): 127－135.

⑤ [美] 尼葛洛庞帝. 数字化生存 [M]. 胡泳，范海燕，译. 海口：海南出版社，1997.

拟空间里，发挥它们在现实生活中等效的作用①。而在虚拟空间中，人的身份、形象、个性等都被高度数字化，由符号所代替。进而，数字化生存让老年人成为"前数字时代遗民"②。如何跨越"数字鸿沟"，有学者从社会生态系统理论的角度分析智能数字化时代城市社区空巢老人边缘化现象，从而提出可行性解决措施③。

3. 农村空巢老人数字化适应困境及其对策方面

面对数字化时代突飞猛进态势，农村空巢老人既要接受数字化侵扰，又要适应数字化生活模式，从而最终达到安然养老的目的。原新提出，空巢老人在健康状况、经济收入、人力资源、制度建设等方面面临诸多问题与挑战，并据此提出整合政府、社会、家庭和个人力量，在老人增收、制度建设、政策支持、多元养老模式等方面，构筑农村空巢老人养老保障体系④。陈际华、黄健元从社会资本理论的角度，提出"老年关爱之家"这种农村互助养老方式可以从个体和集体两个层面补偿农村空巢老人缺失的社会资本⑤。而郝亚亚、毕红霞则基于山东省367份农村空巢老人问卷调查资料，运用Logit-ISM模型分析了各影响因素之间的关联关系与层次结构⑥。另有学者提出，农村空巢老人面临经济保障能力弱、生活照料欠缺、精神慰藉缺失、社会保障缺乏等养老问题，必须从政府、基层社区、家庭子女和老人自身等4个方面齐抓并举，解决农村空巢老人养老问题⑦。上述种种，均是基于数字化时代特点，提出农村空巢老人能够有效养老的基本举措。

① 李广武. 数字化生存与个体存在困境 [J]. 知识经济，2012 (5)：63－64，72.

② 苏歆，蔡之国. 从"前数字时代遗民"到"数字移民"——三喻文化视角下老年人数字化生存的困境及应对 [J]. 东南传播，2022 (1)：118－119.

③ 刘祯妍. 数字时代城市老年人群体边缘化问题探究 [J]. 人才资源开发，2021 (3)：47－48.

④ 原新. 农村空巢老人的养老困境与化解之道 [J]. 人民论坛，2019 (28)：69－71.

⑤ 陈际华，黄健元. 农村空巢老人互助养老：社会资本的缺失与补偿——基于苏北S县"老年关爱之家"的经验分析 [J]. 学海，2018 (6)：147－152.

⑥ 郝亚亚，毕红霞. 农村空巢老人社区居家养老选择意愿分析——基于山东省的问卷调查 [J]. 调研世界，2017 (8)：23－31.

⑦ 陈成，杜兴端. 我国农村"空巢老人"养老问题与对策研究 [J]. 农村经济，2013 (9)：84－86.

二、简要评析

笔者发现，学者们关于不同历史分期中农村空巢老人及其社会支持等方面的研究均体现出以下几个共同点：一是采用了不同的学科视角。既有人类学研究视角，也有人口学、心理学研究视角，更有老年社会学研究视角。二是体现了更为浓厚的人文关怀。无论是现象描述，还是原因探讨，学者们都试图从更多层面展现空巢老人的社会支持现状以及真实生存境遇，以期唤起社会对于这一特殊群体的关注和关爱。尤其是面对数字化时代这一现实，学者们多是基于学术责任在实证基础上加以具体分析，进而提出因应策略。

相较而言，上述研究还存在如下可探讨空间：一是农村空巢老人研究方面，既往研究主要从空巢成因、生活、生产、经济供养、精神慰藉等方面展开，时代性较为突出，而对于数字化时代特征体现得不甚明显。二是空巢老人社会支持研究方面，既往研究主要针对全体老年人的功能阐述以及困境分析、对策建议等方面，而较少进行细化分类，对于农村空巢老人关注不够。三是老年人群数字化支持分析层面，既往研究多是从福利国家、教育发展、产业发展等方面进行讨论，而社会学、人口学等学科方向论述较少。同时，在老年人群数字化生存困境等方面，既往研究多是基于数字技术发展带给老年人诸多不适应，进而造成数字困扰的现象，呈现为中观层次的解读，而对于特定弱势人群尤其是农村空巢老人则是较少论及。另外，既往研究中针对农村空巢老人养老困境多是基于特定案例而形成的原因以及对策分析，是从养老资源供给如经济供给、生活照料、精神娱乐等传统意义上的讨论，其对于数字化转型背景下农村空巢老人面临信息社会与网络时代所生成的困扰问题，如数字化观念不强、数字悟性不足、数字实践性较弱、社群关系隔离化等新生养老困境问题较少涉及。尤其是当这两者相互叠加衍生出农村空巢老人诸多困扰时，既往研究更是鲜有讨论。以上研究之不足，为本书留下了进一步研究的空间。

据此，笔者深入农村实地，以安徽省 H 市 S 镇 F 新型社区（较大的回迁安置区）、安徽省 C 县 Z 乡 D 村作为研究样本点，采用社会学调查研究及人类学田野调查方式，走近农村空巢老人这一特殊群体，用问卷、访谈、观察等方式来了解他们留守农村的社会支持状况，以及在面对数字下乡、数字化适应等方面时产生的诸多问题，进一步探究形成这一状况的影响因素和行动逻辑。笔者以此为据，以期唤起社会各个层面对于农村空巢老人这一弱势群体的关照，从而协同各方力量，让农村空巢老人能够安然跨越"数字鸿沟"，实现"六个老有"目标，乐享幸福晚年生活。

第二章　研究设计

第一节　概念界定

一、老年人与空巢老人

20 世纪以来，老年人的年龄起点与老龄化参量界标共划分了 4 次。一是 1956 年联合国在《人口老化及其经济意义与社会意义》一书中指出 65 岁为老年人年龄起点，并以 65 岁及以上老年人口占总人口的比例达到 7％作为老龄化的一个主要参量界标；二是 1975 年美国人口咨询局在沿用联合国给定的老年人年龄起点的同时，老龄化界标提升至 10％；三是 1977 年波兰人口学家爱德华·罗赛特把老年人年龄起点定在 60 岁，将 60 岁及以上老年人口占总人口的比例为 12％确定为老龄化界标；四是 1982 年在维也纳召开的世界老龄问题大会上，鉴于发展中国家人口老龄化现象愈发突出，而以往的有关量纲是直接参照发达国家确定的，与发展中国家老龄化实际不尽相符，故联合国又把老年人年龄起点下调为 60 岁，同时把老龄化界标定在 10％。中华医学会老年医学学会曾于 1982 年根据中国国情及传统概念，建议规定 60 岁及以上为老年人。数字化时代背景下，农村老年人群特征更为突出。鉴于我国农村特殊情况，本书界定 60 岁及以上人群为老年人。

空巢老人，老年人群的一种，也被称为"留守老人"。单从字义上讲，空巢意为"空寂的巢穴"，比喻小鸟离巢后的情景，现在被引申为子女离开后家庭空虚、寂寞的状态。换句话说，空巢家庭即指无子女共处，只剩下老年人独自生活的家庭。它包括两类：一是指单身老人，这种老人或从未结婚，或丧偶、离婚，也或夫妻分居；二是指只有夫妇二人家庭中的老人，这类老人或无子女，或子女分居或外出。通常认为，"空巢"概念体现更多的是一种晚年生活的孤独和悲凉，而"留守"更侧重于对老年生活中责任与无奈的关注，故本书倾向于采用"空巢"一词的说法。同时，本书所采用的空巢老人概念不是简单地指子女长大成人后离开老人另立门户而剩下的独居老人，而是指子女外出流动，且流动距离较远、流动半径在 100 公里之外的老人。另外，外出流动子女也不能经常回家照顾老人，而是 1 年之内只能回来 1—2 次的，或至少有大半年时间不在父母身边且这种状况具有持续性。

二、新型农村社区

新型农村社区，即通过"合村""并居"等方式将原有自然村、行政村就近合并建成的新型社区。在中心村建立社区服务中心，把权力下沉、让服务进村，通过健全社区服务机制、完善社区服务设施、强化社区服务功能，全方位提升社区治理能力，进而通过服务实现农村社区的现代治理转型。本书所调研 F 新型社区即属于此类（一个集居住、生活、娱乐等为一体的比较大的回迁安置区，在空间范围上有别于通常而言的分散型城市社区）。F 新型社区为原 24 个村民组、28 个自然村庄进行整体拆迁后统一建设、统一分配、统一管理而形成的区域共同体。其中，新型社区一期建设安置房 490 套多层框架楼房，二期建设安置房 600 套居民楼。居民已于 2017 年底全部搬迁居住到社区内。另外，需要做一点说明，这里所言的新型农村社区既有别于城市商品房建制小区和以前单位制框架下的家属院，也有别于农村社会自然村庄，它是一种既保留乡土特色又具有都市社区特点的农民集中居住区。

三、生存状况

从宏观上来讲，生存状况是指自然界一切存在的事物保持其存在及发展变化的总体性描述；从微观上来讲，它是指在现阶段，社会群体或个体所处的物质、精神和社会环境的具体书写。《现代汉语学习词典》①对于生存的解释有 4 种含义：一是活着，活下去；二是指在世的人；三是存在；四是生活。本书将生存状况界定为活着的社会群体或个体在社会世界中所体现的物质、精神和社会境况。具体到文中所阐述的农村空巢老人生存状况，是指他们留守农村的空巢生活样态以及在生产中所处的经济状况、精神状况和社会关系状况等的总称。

四、社会支持、社会网和社会支持网

社会支持这一概念首先出现在 20 世纪 70 年代的社会病原学中。从一般意义上说，社会支持是指人们从社会中所得到的、来自他人的各种帮助。财务支持和精神支持是个人社会支持的两个重要方面。社会支持可以通过家庭这一支持网自动获得，也可以依靠专业机构的介入和参与获得。通常而言，社会支持是与弱势群体相伴随的社会行为，主要是指来自个人之外的各种支持的总称，可以细分为正式支持与非正式支持两类。陈成文等人认为，从社会学意义上来看，社会支持是指一定的社会网络运用一定的物质和精神手段对社会弱者进行无偿帮助的一种选择性社会行为②。本书所言的社会支持是指农村空巢老人从社会和他人处所获得的各种支持的总称，可具体分为实际的物质支持、情感交流的精神支持以及与他人人际关系的社会交往支持等。这一支持行为又可细分为向谁借钱、向谁借物、向谁寻求重活帮助和生病由谁照顾的实际支持，找谁商量重要事情、找谁解决家庭矛盾和向谁倾诉心事的情感支持，和谁一起外出、到何处串门聊天、出现偷盗问题时向谁寻求帮助的社会交往支持等。

1908 年，德国社会学家齐美尔在其发表的《社会学：关于社会交往形式的探讨》一文中把社会想象为相互交织的社会关系。20 世纪二三十年代，英

① 商务印书馆辞书研究中心 . 现代汉语学习词典［M］. 北京：商务印书馆，2010.
② 陈成文，潘泽泉 . 论社会支持的社会学意义［J］. 湖南师范大学社会科学学报，2000（6）：25－31.

国人类学家布朗首次使用了"社会网"概念。1969 年，社会学家米切尔将社会网定义为一群特定的个人之间的一组独特的联系①。目前，对于社会网的定义主要有两种：一是把社会网定义为一个社会体系中角色关系的综合结构。此定义多用于小群体内部的研究，分析人际互动和交换模式，并展开一些网络分析的概念研究，如紧密性、中距性和中心性等。二是从个人角度将社会网定义为个体间的自我中心网络。该定义认为社会网是指由个体间社会关系构成的相对稳定的体系。

社会支持网是社会网的一种，指的是个人能够获得的各种社会支持（如金钱、情感、友谊等）的集合。张文宏等人②认为，个人社会支持网是由具有相当密切关系和一定信任度的人所组成，在规范个人态度和行为时发挥重要作用。社会网是一群人，他们对于个体的情感生活非常重要，但是在不同情境下，这些人既能给予支持，也能带来压力。社会支持网是个人全部社会网的一个子集，是指所有提供社会支持的人，依赖他们，个人能够获得社会情感资助、实际支持，或者兼而有之。贺寨平③指出，个人社会支持网就是指个人能够借以获得的各种资源支持（如金钱、情感、友谊等）的社会网络。通过社会支持网络的帮助，人们解决日常生活中的问题和危机，并维持日常生活的正常运行。

从以上关于社会支持、社会网、社会支持网的概念界定可以看出，此三者之间具有一定的相似性和交叉性，同时也表现出一定的差异性。具体来说，社会网是所有社会关系网络的总称，而社会支持网只是它的一个子集。社会支持是指那些在个人之外的来自他人的情感援助、工具性援助或者兼而有之的帮助。国内外学者很少对社会支持网和社会支持的概念作出严格区分，在实际研究中两者是常常被交叉使用的。因此，本书在实际研究中也没有对此做过多区分，在资料收集和分析解释中，也多数是交叉使用的。

---

① 肖鸿. 试析当代社会网研究的若干进展 [J]. 社会学研究，1999 (3)：1—11.
② 张文宏，阮丹青，潘允康. 天津农村居民的社会网 [J]. 社会学研究，1999 (2)：108—118.
③ 贺寨平. 国外社会支持网研究综述 [J]. 国外社会科学，2001 (1)：76—83.

第二节　理论工具

一、社会支持理论

自从有了人类社会，人们之间的相互支持就已存在。支持作为一个普通概念，人们对其并不陌生。但是，社会支持作为一个科学的专业术语被正式提出来则是 20 世纪 70 年代的事情。随后，经过伯克曼和塞姆、考伯、韦尔曼、库恩、李强、蔡禾、贺寨平、陈成文等学者对于此概念内涵的进一步丰富和发展，形成了如今较为完备的社会支持概念体系。尤其是陈成文，他在充分吸收和借鉴国内外有关研究的基础上，提出了比较系统的社会支持理论。在这一理论中，他认为社会支持是对社会弱者进行无偿帮助的一种选择性社会行为[①]。社会支持的对象——社会弱者具有以下几个重要特征：一是承受力方面的脆弱性；二是生活质量的低层次性；三是经济利益的贫困性。同时，该理论认为社会弱者可以分为生理性、自然性、社会性等 3 种类型。社会支持的主体既可以是个人，也可以是群体或国家，主要是对社会弱者进行无偿的物质援助与精神支持，以帮助他们提高生活质量，从而使整个社会更加稳定和谐。作为社会弱者的农村空巢老人，其形成原因既有其自身生理因素，也有社会和自然因素的多重影响。他们的晚年生活需要个人、群体或国家提供社会支持。在本书中，笔者对农村空巢老人的研究主要基于社会支持理论。

二、社会排斥理论

社会排斥是指某些个人、家庭或社会群体，由于社会政策及制度安排等原因丧失其公民权利，无法参与正常活动或参与不足，导致被边缘化及情感疏离的机制和过程。社会排斥最早源自 20 世纪 60 年代的法国，由勒努瓦用

---

① 陈成文.社会弱者论——体制转换时期社会弱者的生活状况与社会支持 [M].北京：时事出版社，2000.

以说明 70 年代法国社会存在的、未能享受社会保障的群体或阶层①。20 世纪 80 年代开始，面对西方社会出现的失业、新贫困和家庭变迁等社会经济问题，社会排斥概念的使用范围日益扩大，指代对象更为广泛，成为个人与社会之间无法形成社会团结状况的描述用语。20 世纪 90 年代以来，社会排斥概念在学术界和政界的影响进一步扩大，其使用空间超出法国而遍及欧盟国家②，甚至影响到发展中国家。

近年来，社会排斥概念也引起我国学术界的关注，一些具有海外学术背景的学者对其作了较为全面的介绍，并有越来越多的研究据此分析当代中国社会中存在的弱势群体及其面临的问题，详解中国弱势群体遭受社会排斥的原因。例如，占少华在回顾农民进城就业背景及其发展的同时，从计划体制—市场体制和社会因素—政策因素两个维度及其相互作用的角度，考察了农民工在城市中面临的社会排斥现状，这是从社会排斥角度考察农民工社会排斥的一个有益尝试③。石彤在关于国营企业下岗女工社会排斥研究过程中，认为"单位保障"向"社会保障"转型引发的旧保护机制的弱化和新体制的不完善是造成社会排斥的重要原因之一④。彭华民通过对天津秋风里（匿名）新贫穷社群的实地访谈，揭示了造成城市下岗职工社会排斥的就业、家庭和社会福利等 3 个方面的制度根源⑤。曾群从国家、市场和家庭在社会保障体系中的协同作用出发，通过上海市的实地访谈指出，中国福利制度中国家和市场功能的不完备是造成失业青年社会排斥的重要根源⑥。上述研究都注意到了社会排斥对社会关系网络的破坏效应。目前，国内学术界达成的一个基本共

① 方巍. 关于社会排斥概念的本土化思索 [J]. 浙江工业大学学报（社会科学版），2008（3）：267－272.

② 王思斌. 试论我国社会工作的本土化 [J]. 浙江学刊，2001（2）：55－60.

③ 占少华. 阻止农民工的社会排斥：中国农村发展的新视角 [EB/OL]. [2025－05－20]. https：//www.docin.com/p-406074232.html.

④ 石彤. 中国社会转型时期的社会排挤——以国企下岗失业女工为视角 [M]. 北京：北京大学出版社，2004.

⑤ 彭华民. 福利三角中的社会排斥：对中国城市新贫穷社群的一个实证研究 [M]. 上海：上海人民出版社，2007.

⑥ 曾群. 青年失业与社会排斥风险——一项关于社会融合的社会政策研究 [M]. 上海：学林出版社，2006.

识是：社会弱势群体拥有的社会关系网络特别是初级关系网络，有助于他们的社会融合。方巍研究显示，农村迁徙进城的打工者所拥有的初级社会关系对他们在城市中的就业和生活起到了一定的帮助作用。但是，初级社会关系对于他们赢得劳动社会保障作用并不明显，而且很大程度上还对这种关系网络以外的农民工造成了社会排斥效应。也就是说，农民工在城市中面临的社会排斥不但来自城市及其相关制度，还来自制度之外的弱势群体及其自身内部的初级关系网络[①]。

笔者通过查阅相关文献并归纳梳理后发现，以往学者对于此类问题研究多从不同侧面阐释社会排斥对于社会弱势群体的影响。同时，他们的研究中目前还较少有关于农村空巢老人的学理性解读，故而笔者尝试对于这一特殊群体社会支持网络的影响因素何以产生、产生为何等深层次原因予以一个社会学角度的理论解释。

三、实践惯习理论

按照布尔迪厄的解释，惯习是人的一种性情分类图式，也即一种精神的或认知的结构[②]。惯习是人们对社会世界结构进行内化的产物。具体言之，惯习具有 3 层含义：一是从微观上看，惯习存在于人们的头脑之中；二是从经验上看，惯习是人们的实践；三是从感知上看，它具有一种发生性的分类功能，这种功能又植根于实践的经验之中[③]。因此，一种惯习的获得是人们长期占据社会世界中某一位置的结果，其必然会随着人们在这一世界中所占据的位置不同以及这些位置所具有的性质不同而发生变化。实践形构惯习，惯习也会影响着具体实践行为。同时，它是人们在习以为常的固有行动中生发出来的，是自觉自愿的内省式行为。它作为历史的产物，按照历史产生的图式，

---

① 方巍. 农民工社会排斥的制度内与制度外分析——杭州市的个案研究 [J] . 学海，2008 (2)：31—41.

② Pierre Bourdieu. Social Space and Symbolic Power [J] . Sociological Theory, 1989, 7 (1)：14—25.

③ 侯钧生. 西方社会学理论教程 [M] . 天津：南开大学出版社，2001.

产生个人的和集体的、因而是历史的实践活动①，具有持久性与传递性，进一步制约着人们的思想和行动。农村空巢老人长期生活在农村社会，受到乡土风俗与民情风貌规约的影响，其思维和行动多呈现为既有的固定模式。在面对外来城市文化以及子女外出务工带回来的数字文化等时，他们会外显为排斥与抵制，而在内心层面习惯于往昔时期的基本操作规范。本书借用此理论解释农村空巢老人社会支持中的数字化适应、影响因素等问题。

第三节　研究方法

本书主要采用定量描述和定性分析相结合的研究方法。在定量描述阶段，笔者通过设计问卷、发放问卷、回收问卷等方式，着重收集样本点农村空巢老人人口学特征、基本生存境遇、数字化适应现状、社会支持现状等资料，并进行回描性展示；在定性分析阶段，笔者以相关理论为基础，采用文献法进行分析，找到研究着力点。在资料收集方面，采用非结构观察、深度访谈、半结构访谈等方式，收集农村空巢老人行动方位、思维意识、影响因素等多方面资料，力图内容翔实、准确具体。

一、调查地点的选择

根据目的性抽样原则，本书首先选择了安徽省 C 县 Z 乡、安徽省 H 市 S 镇作为主要研究对象。同时，为了更全面了解农村空巢老人生存境遇和社会支持现状，笔者通过目的性抽样方式选择了 Z 乡 D 村、S 镇 F 新型社区做进一步研究。研究分不同时点，在两个阶段进行。

第一阶段即将 D 村所有空巢老人家庭作为抽样框，从中抽取 60 岁以上且子女外出一年只能回来 1—2 次、流动半径在 100 公里以上的农村老人组成调查样本，然后由笔者上门发放问卷，收集所需相关数据。另外，在问卷调查

---

① Pierre Bourdieu. Outline of a theory of practice [M]．Cambridge：Cambridge University Press，1977.

中同步进行访谈调研，从中选择较有代表性的老人作为深度访谈对象，以进一步收集资料。

第二阶段即将 F 新型社区所有空巢老人家庭作为抽样框，从中抽取 60 岁以上且子女外出一年只能回来 1—2 次、流动半径在 100 公里以上的农村老人组成调查样本，然后由笔者上门进行访谈调研，收集相关资料。同时，依据同期群分析策略，在第二阶段访谈调查工作中着重选择 100 多位 60—69 岁的空巢老人群体作为访谈对象，记录其在数字化时代的社会支持现状及其困扰；选择约 100 位 70—79 岁的空巢老人群体进行访谈，重点围绕第一阶段所收集的空巢老人社会支持现状及其困扰进行比对与验证，并体现第一阶段资料收集的延展性。而对于 80 岁以上的空巢老人来说，他们多数身体机能下降较为严重，即使有少数人身体依然硬朗，但不同程度存在交流困难、听力障碍等问题，不便于进行访谈。因此，在具体工作中，笔者没有将这一部分的老人作为样本量来予以安排。

案例选取方面，本书依据典型研究与普遍研究相结合的原则。由于农村空巢老人是基于人口流动时代农民外出而生成的一类特殊群体，因此笔者采用目的性抽样方式，主观上选择了 Z 乡 D 村、S 镇 F 新型社区。之所以选择两地作为调查地点，原因有二：第一，Z 乡是笔者曾经工作过的乡镇，S 镇是笔者家乡所在乡镇，人员熟悉，关系融洽，易于进入研究现场开展工作。第二，D 村处于该乡政府所在地和县城交界地带，群众思想活跃，受传统观念束缚较少，外出务工人员较多，青壮年群体外出务工率达到 98.7%，居全乡之首；F 新型社区在开展增减挂钩项目后，青壮年群体外出务工率达 98.0%，且务工地点多集中在上海、深圳、广州等地，比较具有代表性。

需要指出的是，随着增减挂钩项目实施范围的不断扩大以及撤村并组政策在这一地区的强力推进，笔者 2010 年的调研村庄 D 村在几年前已经并入其他社区。经过 10 多年的变迁，原调研人群中的部分老年人已经去世，或者已不在原地居住。加之笔者由于工作调动以及其他因素，离开 Z 乡多年，再次进入研究现场较为困难。因此，2021 年笔者通过目的性选择方式将 F 新型社区纳入进来，采用同期群研究策略，力图使这一研究更具延续性和扩展性。

同期群研究，又称为人口特征组研究，是指对某一特殊人群随时间推移而发生变化的研究。在这种研究中，每次研究的样本并不相同，即每次研究的具体对象可以不一样，但他们必须都属于这一特殊人群。这一特殊人群通常都与时间或年代有关[①]。

基于此，笔者于 2010 年以来持续关注农村空巢老人生存境遇以及社会支持现状，并不间断采用跟踪调查的方式进行研究。在数字化时代背景下，笔者更是将农村新型社区纳入考察范围，以图研究载体更丰富，研究结论更科学准确。笔者在这 10 多年间，多次深入 D 村、F 新型社区进行调研，通过发放问卷、非结构观察、半结构访谈、文献查阅等方式收集资料并进行细致分析，力图了解这一人群留守农村时的社会支持基本样态。

二、定量研究方法

1. 问卷设计

笔者主要针对农村空巢老人基本生存、生活状况进行探究，以期全景式展示农村空巢老人社会支持现状。因此，在问卷设计的过程中，调查问卷开头是关于调查对象本人的基本情况，具体操作化为性别、年龄、文化程度、外出子女情况等几个方面；生产生活状况操作化为物质生活、健康医疗和精神生活等三重维度，并将每一维度都做了具体化呈现。比如，物质生活包括经济收入、子女供养方式、劳动负担等方面，健康医疗包括身体状况、就医状况、医疗费用、新农村合作医疗等方面，精神生活包括和子女及邻居交流情况、子女孝顺程度、娱乐活动等方面。笔者对社会支持的测量主要依据范德普尔[②]问卷设计模式。社会学家范德普尔曾以交换法为基础，在 1987 年对荷兰进行全国性初级关系和社会支持调查时设计了一份问卷。整份问卷将支持分为 3 个方面，即"情感支持""实际支持"和"社会交往"等，由 10 个问题组成。范德普尔问卷设计相对合理、内容全面，国内外研究者使用比较多。因此，本书社会支持测量也以范德普尔社会支持问卷为蓝本，并根据贺

---

① 风笑天. 社会研究方法 ［M］. 5 版. 北京：中国人民大学出版社，2018.

② Van der Poel. Delineating personal support network ［J］. Social Forces, 1993, 15（1）：49—70.

赛平、张文宏等人的相关研究，以及数字化时代农村空巢老人特殊生活背景，作了适当修改，具体化为实际支持、情感支持和社交支持。调查问卷涉及的社会支持，包括借钱、借物、重活帮助、生病照顾等 10 个方面。

2. 调查问卷分析

问卷调查是研究资料收集的主要活动，用来了解农村空巢老人生产、生活境遇和社会支持现状。需要说明的是，鉴于大多数农村空巢老人文化程度不高，所有问卷都是由笔者上门对被调查者进行面对面访谈，且问卷由笔者按照被调查者的回答填写完成。2010—2011 年 D 村调查中，回收有效问卷 55 份，回收率 100%。问卷收回之后，笔者使用社会科学统计软件 SPSS16.0 对其进行了分析，并予以一定的描述统计；同时，以此为据，筛选部分人群进行深度访谈，获得定性资料以展开逻辑推演和理论分析。2021—2022 年 F 新型社区调查中，笔者主要依据同期群研究策略，采用半结构访谈的方法收集资料，对 2010 年代问卷和访谈资料进行一定程度的验证，并进行拓展性解释，以达到结论解释力与解释向度的合理性。

三、文献查阅方法

文献查阅法能够为研究者提供翔实的研究成果，同时也能呈现相关组织或单位的历史记录[①]。笔者通过查阅相关资料，为本书研究提供了有力的理论支撑和政策支持。

四、定性研究方法

1. 定性资料收集方法

为了更全面地描述和分析农村空巢老人留守生活、生产现状，真实了解他们日常生活里的社会支持状况以及影响因素，本书采用了半结构访谈方法，收集他们关于此类问题的解释。访谈法是一种有特定目的和一定规则的研究性交谈，是研究者通过口头谈话方式从被研究者那里收集第一手资料的一种

---

① 袁方. 社会研究方法教程［M］. 北京：北京大学出版社，1997.

研究方法①。在问卷调查过程中，一旦发现有典型个案，笔者即会运用范德普尔问卷中的问题与被调查对象进行深入交谈，重点了解他们社会支持的影响因素并进行原因探讨，然后将收集到的资料进行理论提炼和概念化抽象。这一过程的操作依据为扎根理论②研究法。扎根理论研究法是一种自下而上建立理论的研究方法，它是 1967 年由格拉斯和施特劳斯提出的。其主要宗旨是从经验资料基础上建立理论，即研究者在研究开始之前一般没有理论假设，直接从原始资料中归纳出概念和命题，然后上升到理论层次。本书对农村空巢老人社会支持影响因素的挖掘即是采取自下而上的方式，首先从农村空巢老人原始访谈资料中进行归纳，然后在概念化基础上进行抽象。2010—2011 年第一阶段在 D 村 50 多位老人中选取代表性样本进行深度访谈。访谈空巢老人 25 人、乡村干部 2 人，基本做到资料饱和。2021—2022 年第二阶段在 F 新型社区访谈空巢老人 33 人、乡村干部 4 人、老人子女 3 人，并对老人群体进行细化分类后，开展全方位调研。笔者选择约 100 位 70－79 岁的老人开展调研，其中深度访谈 14 人，以回应 2010 年代第一阶段同期群研究对象基本样貌。同时，笔者还在 F 新型社区选择了 100 多位 60－69 岁的老人开展调研，其中深度访谈 19 人，着重探究其在数字化时代留守农村生活的社会支持困境以及影响因素，并在原有访谈资料上进行延展性解读与回馈式检证，以图更加全面地解读数字化时代农村空巢老人的社会支持问题。上述两个阶段访谈调研之后，笔者所收集的资料饱和度较高，基本达到研究要求。

为了进一步了解农村空巢老人日常生活状态，呈现一幅完整的留守生活画面，笔者还采用非结构观察法来收集相关资料。非结构观察法是田野调查方法中的重要环节之一，它是指没有任何统一的、固定不变的观察内容和观察表格，完全依据现象发生、发展和变化的过程所进行的自然观察。戈尔德③将观察连续体划分为完全的参与者、作为观察者的参与者、作为参与者的观察者以及完全的观察者（如图 2-1 所示）。其基本呈现状态为从完全的参与

① 陈向明.质的研究方法与社会科学研究［M］.北京：教育科学出版社，2000.
② 陈向明.质的研究方法与社会科学研究［M］.北京：教育科学出版社，2000.
③ 风笑天.社会研究方法［M］.5 版.北京：中国人民大学出版社，2018.

者到完全的观察者的行动流，并表征为参与程度的深浅以及参与时间的长短。作为不同类型的研究者，在其进入现场后，将会依据其研究需要而采取特定的观察模式。笔者基于这一特点，采用通常意义上的非结构观察，即作为观察者的参与者以及作为参与者的观察者，并没有采用完全参与的状态。

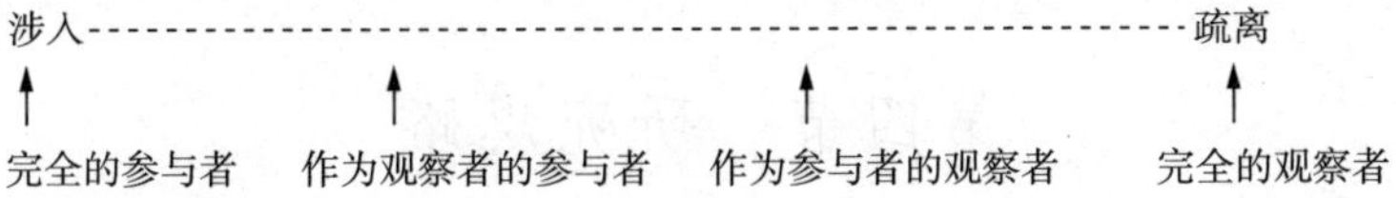

涉入 -- 疏离

完全的参与者　　作为观察者的参与者　　作为参与者的观察者　　完全的观察者

图 2-1 戈尔德的观察连续体

据此，笔者在研究过程中，不仅深入社区，而且还深入农户家中，观察其生产生活现状等。在这一深度调查中，D村作为曾经工作过的乡镇所属区域，笔者利用 2010 年国庆假期，采用作为观察者的参与者身份，在村主任家驻村 15 天左右，进行非结构观察与深度访谈，获得了相关一手资料；后期又在 2011 年上半年间歇性进行追踪调研，对相关资料进行补充完善。F 新型社区作为家乡所在地，笔者在 2021—2022 年寒暑假或者重要节假日期间，采用作为参与者的观察者身份，通过和老人聊天的方式，近距离观察、了解农村空巢老人现状，有效收集访谈资料。

2. 定性资料分析方法

对于研究者而言，为了在庞大而分散的资料库中找到相关证据，就需要采用定性资料分析方法。因此，基于资料收集与分析的现状，笔者采用了一边收集资料，一边分析资料的方式。同时，在积累资料的过程中，笔者根据自己的研究设计与分析需求对资料进行了编码。因为编码分析的目的不是统计事情的频次，而是把资料分开，然后对它们进行重新分类，从而方便同类事情之间的比较，以促成理论概念的提出①。笔者还在资料收集与分析过程中采用了"访谈备忘录"方式，从而实现访谈编码与主题分析资料之间的有效连接，确保研究效度。在资料归类方面，本书采用了一般类属分析和情景分

① ［美］约瑟夫·A. 马克斯威尔. 质的研究设计：一种互动的取向［M］. 朱光明，译. 重庆：重庆大学出版社，2007.

析两种模式[①]。其中，笔者在对农村空巢老人社会总体支持现状编码中采用了一般类属分析模式，在针对特定人群中的表现与话语重塑中采用了情景分析模式。另外，笔者结合实际观察资料，还对有关事件和具体人物进行全景式展示，结合人物日常实践活动开展描述分析。

第四节　研究思路

围绕上述问题，本书采用社会学研究方法，在 2010 年代与 2020 年代的不同时点深入 D 村、F 新型社区实地调查的基础上，运用收集到的资料深入阐明了农村空巢老人基本生存境遇、社会支持现状、数字化支持困扰等内容，并据此深度挖掘这一群体社会支持影响因素，从而在制度层面予以阐释，提出因应策略，为以往相关研究做一延展与补充。具体思路如下：

一是研究导论。简要介绍研究背景、研究缘起等，回顾已有相关研究并加以评述，找到研究切入点，提出研究问题。

二是研究设计。主要介绍所选案例基本情况、人口结构、外出务工人员结构、农村空巢老人人口学特征等，并做简要分析和描述统计。

三是事实样态层面。主要基于不同时点要求，介绍农村空巢老人基本生存境遇、社会支持总体性素描、类别化表达，以及相较以往所形成的数字化适应困境及其基本特点等，并在现状展示上采用描述统计与经验资料等相互验证的方法，共同形构这一群体社会支持的基本镜像。

四是原因剖析层面。从个体层面、社会层面以及政策层面对农村空巢老人社会支持影响因素进行归纳和梳理，并提出其在本体性意义上的行动者思维与惯习实践层面的底层逻辑。

五是理论解释层面。用社会学相关理论如社会排斥理论、实践惯习理论等来解读这些影响因素产生的深层次原因，并给予学理上外推和理论上验证。

---

① 陈向明. 质的研究方法与社会科学研究 [M]. 北京：教育科学出版社，2000.

　　六是结论与建议。针对上述问题及其影响因素，从政府推动、市场支持、社会帮助、家庭关怀、个体努力等多个角度提供因应对策，以图激发多元主体合力，共同纾解农村空巢老人数字化时代社会支持困境。

　　数字化时代农村空巢老人社会支持分析框架如图2-2所示。

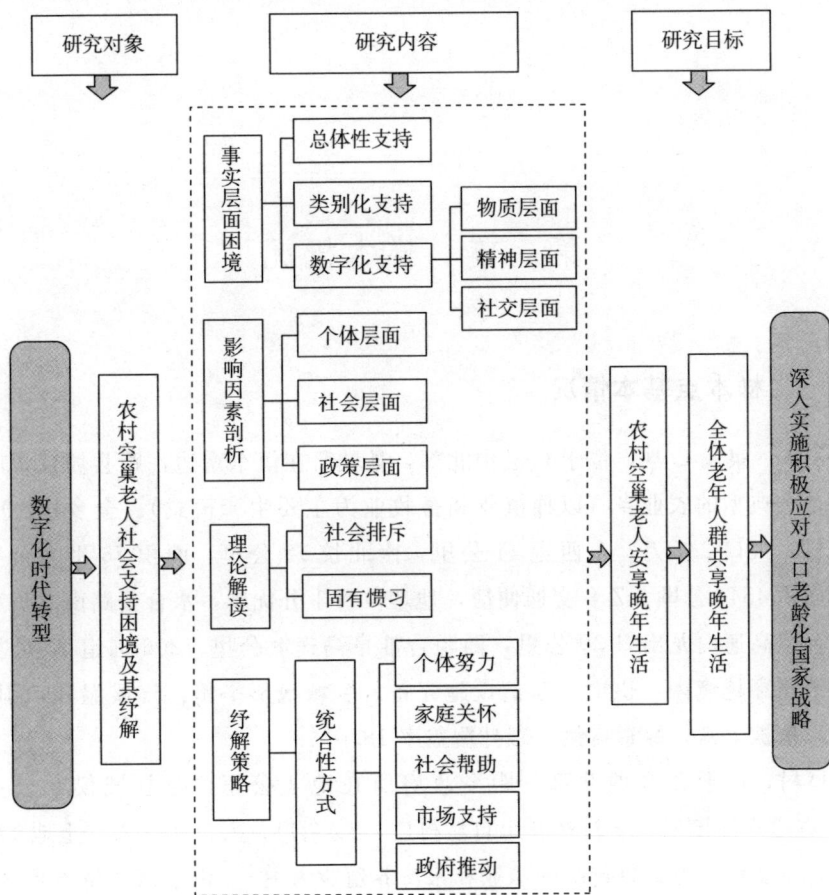

图2-2 数字化时代农村空巢老人社会支持分析框架

第三章　农村空巢老人社会支持现状描述

第一节　样本概况

一、样本点基本情况

Z乡，隶属C县，位于C县中北部，县城所在镇东南边，距县城仅10公里，是个典型的农业乡（以种植业和畜牧业为主要生产模式）。全乡辖10个行政村，人口2.7万；东西宽11公里，南北长12公里，面积76平方公里，耕地面积4544公顷。Z乡交通便捷，地理位置十分优越，水合公路南北贯穿，东距合徐高速白龙出口30公里，西距合淮阜高速8公里、206国道20公里，淮南铁路穿越境内，供电、通信设施完备。乡域地形平坦，气候温和，雨水适度，植被丰富，绿意盎然，森林覆盖率18.6%[①]。

D村，位于Z乡西北部，距乡政府所在地4公里，距县城仅6公里，S311省道途经该村。全村辖6个自然村庄，80余户，人口850人，土地1400多亩，主要作业方式以传统种植业和家禽养殖业为主[②]。由于该村位于乡政府所在地和县城所在地之间，交通发达，外出便利，人们同外界接触较多，思维活跃，接受新生事物和信息反应速度都比较快。因此，该村青壮年在外务

---

① 资料来源：C县人民政府网，Z乡基本情况介绍，2009.
② 资料来源：Z乡D村党员活动室展板，D村村情介绍，2009.

工率是全乡最高的。据该乡劳务输出站资料显示，D 村外出务工率达 98.7%，居全乡之首；务工地点多集中在上海、深圳、广州等地，务工收入占该村人均纯收入的 72.9%[①]。

S 镇，隶属 H 市近郊区域，辖 16 个行政村和 15 个社区，484 个自然庄，面积 222 平方公里，户籍人口 13.6 万，常住人口近 20 万人。该镇交通便捷，由高铁、高架、高速和地铁构成了立体多维的"六横六纵"交通网。该镇开车能在 10 分钟融入 H 市都市生活圈，15 分钟抵达 4E 级国际机场；乘坐高铁 50 分钟直达南京，3 小时到上海、武汉，4 小时达北京、福州。

F 新型社区，作为一个典型性新型农村社区，共 692 户、2935 人，面积 45 平方公里，耕地 8668 亩，林地 1100 亩。设置党总支 1 个，辖 2 个党支部，党员 69 人。青壮年群体外出务工率达 98.0%，农民务工地点多集中在上海、深圳、广州、苏州、杭州等地[②]。新型农村社区的基本特点主要体现在 4 个方面。一是基础设施配套较为齐全。在新型农村社区里，村民居住较为集中，便于农村基层组织做好管理与服务工作。譬如，F 新型社区配套有社区服务中心、社区医院、村民活动场所、邻里中心等公共设施，建成两处农民体育健身广场、两座农民公园；建设有各类水泥道路 16.5 公里；实现了有线电视、宽带电话、自来水户户通；实施了亮化工程，已安装太阳能路灯 239 盏，铺设污水管网 17.5 公里；实施了绿化工程，栽植乔木 2.5 万株、灌木 12 万株（丛），铺设草坪 1.8 万平方米，绿化率达到 56%。二是人情关系网络半熟人化。搬迁到 F 新型社区后，原先各个自然村庄内部居民间较为熟悉，呈现为熟人社会特点；而各个自然村庄之间由于距离较远，居民之间关系较为陌生，交流较为困难，呈现为陌生人社会特点。熟人社会与陌生人社会两种居住特点融合到一起，呈现为"半熟人社会"特点。三是农业生产离地化。新型农村社区统一规划、统一建设，选址靠近主干道路边。对于多数居民来说，社区距离原先生产承包的土地较远，农业生产半径大多在 5—10 公里，不利于农民自己耕种。因此，F 新型社区土地基本上由村级组织进行集中整理后

---

① 资料来源：Z 乡人民政府 2009 年度劳务输出统计报表，Z 乡劳务输出站，2009.
② 资料来源：S 镇 F 新型社区概况，2020.

对外流转，土地流转率达到 99％以上，呈现为农业生产离地化特点。四是数字资源下乡常态化。在当前数字乡村建设中，数字资源下乡成为常态，F 新型社区有线电视、宽带电话、健身设施、邻里中心等建设，均接入现代管理模式。

二、调查样本基本特征

调查对象为 60 岁以上且子女外出一年只能回来 1—2 次、流动半径在 100 公里以上的农村空巢老人。在 D 村，被调查老人基本特征如下：男性占 58.2％，女性占 41.8％；60—69 岁的占 81.8％，70—79 岁的占 18.2％。D 村空巢老人基本情况构成见表 3-1 所列。

表 3-1　D 村空巢老人基本情况构成表

类别	性别		年龄段				文化程度			
	男	女	60—64 岁	65—69 岁	70—74 岁	75—79 岁	未受过正式教育	小学	初中	高中及以上
频数（n=55）	32	23	26	19	6	4	16	22	15	2
百分比（％）	58.2	41.8	47.3	34.5	10.9	7.3	29.1	40	27.3	3.6

根据 F 新型社区户籍档案资料分析可见，该社区空巢家庭 60 岁以上老龄人为 647 人、329 户。其中，男性 385 人，占 59.5％；女性 262 人，占 40.5％。进一步细化分解，60—69 岁的有 509 人、258 户，占 78.7％；70—79 岁的有 109 人、56 户占 16.8％；80 岁以上的有 29 人、15 户占 4.5％。小学及以下文化程度的有 407 人，占 62.9％；初中文化程度的有 217 人，占 33.5％；高中及以上文化程度的有 23 人，占 3.6％[①]。

本书在描述统计上，着重展示 2010 年代所调研的 D 村空巢老人社会支持以及基本生存境况，并以 F 新型社区实地访谈资料作一比对与回应；而在数字化社会支持困境展示上，主要采用 F 新型社区访谈资料进行验证与阐释。

---

① 资料来源：F 新型社区户籍档案，2020.

根据调研资料分析可知，D 村大量农村青壮年劳动力外流使得农村人口结构发生了重大变化，隔代化和空巢化居住方式在农村老人中越来越普遍，并呈现出不断上升的势头。同时，由于农村青壮年劳动力大量外出，农村常住人口平均文化水平不断下降。在被调查老年人群中：小学及以下文化程度的占 69.1%，初中文化程度的占 27.3%，高中及以上文化程度的只有 3.6%。在 F 新型社区，其占比基本趋同。整体来看，这是一个文化程度不高、思想相对比较保守的群体。由于文化水平较低，其日常生活尤其是精神文化生活受到了很大的制约。较低的文化层次也决定了其具有经济收入较低、收入来源单一、医疗保障水平低下、业余生活单调等特征。

D 村被调查老年人群中，和配偶、孙子女同住者占总数的 90.0% 以上，而与子女同住的只占 9.1%。在 F 新型社区，空巢老人居住比较密集，由于子女长年在外务工，加之"被上楼"效应，居住空间比较狭小，几代同住一套房屋的家庭逐渐减少。多数为老两口共同居住，也有少量单身老人独居。在可能的情况下，多数家庭在回迁安置房分配中，更愿意选择多套小户型的住房，采用楼上楼下临近的居住方式来相互关照。"这样，子女节假日回来，也方便照顾。他们在家里的房屋，我们平时也便于打扫与看管。"由此可见，中国农村家庭几代同堂模式已经逐渐被进入 21 世纪后分开居住、保留私人生活空间居住模式所取代。

毕竟年轻人和老年人生活方式不同、生活习惯不同，就连一日三餐都不一样。他们要吃硬的，我们偏向比较软的。他们要吃干饭，我们要吃稀饭。等等吧！还是分开住比较好，都能够保留空间啊，也不会在日常生活琐事中产生家庭矛盾。你如果长期生活在一起，不像过去农村场子大，家前屋后的，每家都有好几间房屋，家庭成员多了，也能转得开。现在进小区、上楼了，家里就这么大点地方，人多了就比较拥挤了。（F 新型社区 DY，男，72 岁，20210503）

另外，调查还显示，D 村空巢老人家庭里有 2—3 个孩子在外打工的，占被调查对象中的 85.5%，只有 1 个孩子在外打工的只占 9.1%，另有 4 个孩子在外打工的占比为 5.4%。而在关于子女数的调查中，每个家庭子女数均在 2

个以上，其中 3 个孩子及以上的占比为 85.5%，只有 2 个孩子的只占 14.5%。在 F 新型社区，老人们对于子女的安排与期待，更多是子女过得好就行了，而逐渐将传统"生男孩"意识淡化或消解。

过去农村犁田打耙的，在家里干农活，重体力活比较多，没有男孩就不行。加之，都在一个村里住着，人家有男孩可以传宗接代的，你家没有，就是"绝户头"，就要受欺负。现在不一样了，人们的观念也在慢慢改变。农村重体力活也不多了。加之搞拆迁，原来一个村庄里住着，现在都被打散了。大家多数都不怎么熟悉，人家也不怎么关心你家是男孩、女孩的。只要有本事，男孩、女孩都一样。老张家两个女孩，一个比一个孝顺，女婿也好，每次来看望老人，都是大包小包的，从来不空手。而有的家庭几个儿子，在老人赡养问题上，都互相攀比、较真，都不愿意自己吃亏，到头来老人没人管没人问了。现在养儿防老慢慢不现实了，孩子们压力也大。我们就趁着还能干得动的时候多干点，不能歇着，自己攒点钱，不能老是伸手向孩子们要吧，总要让自己手里有点养老钱呀！(F 新型社区 QT，女，78 岁，20220101)

第二节　农村空巢老人社会支持总体性回描

关于农村空巢老人社会支持总体情况描述，笔者根据点面结合及整体与部分有机衔接、相互映照的原则，力求重构他们留守生活全景。同时，笔者根据问卷收集到的数据以及对于相关人员的访谈，结合非结构观察所得到的资料，经过梳理和归纳后，主要从基本生存境遇和典型空巢老人的日常生活实践两个维度展开论述。

一、农村空巢老人的基本生存境遇

（一）物质生活境遇

子女外出打工，留守农村的空巢老人物质生活现状是怎样的？他们对于自己目前的劳动负担和经济状况的评价又是怎样的呢？根据问卷数据，笔者从以下几个方面逐一进行介绍。

1. 劳动负担方面

过往时期，劳务经济使得农村留守家庭经济条件变好了。随着青壮年劳动力外出，留守家庭农业生产重担全落到了留守老人肩上。在对 D 村空巢老人的调查中，63.6％的人群经常下地劳动，偶尔下地干活的占 27.3％，两者相加总比例达到 90.9％。D 村空巢老人劳动负担情况见表 3－2 所列。这说明农村老人尤其留守的空巢老人总是耕耘在自己的一亩三分地上，为生活而忙碌。只有 9.1％的老人不用下地劳动，这也不是缘于农家生活达到小康标准，而是由于这些人身体不允许或年龄太大，不能下地劳动。

进一步分析可知，广大农村家庭隔代化或空巢化现象越来越普遍，并呈现出急剧上升趋势，这必然会加重农村空巢老人从事农业生产的负担。进入花甲甚至古稀之年的老人非但不能安享晚年的天伦之乐，反而还不得不从事繁重的体力活[①]。他们或是出于对土地的热爱，对社会和子女的责任感；或是由于生活压力，继续干着那些他们做了一辈子的农活。农村青壮年劳动力外出导致空巢老人成为农业生产的主要责任人，由于缺少子女协助，很多空巢老人劳动负担沉重不堪。表 3－2 中的数据显示，58.2％的老人认为自己的劳动负担很重，32.7％的老人认为劳动负担较重，而只有 9.1％老人认为当前的劳动负担说不清轻重。老龄化农业也会造成农业劳动投入不足，影响农业科技推广、产业结构调整以及土地合理流转，从而导致农业发展后劲不足。

表 3－2　D 村空巢老人劳动负担情况

类别	空巢老人下地劳动情况			空巢老人对于农活的基本感受		
	经常	偶尔	从不	很重	较重	说不清
频数（n＝55）	35	15	5	32	18	5
百分比（％）	63.6	27.3	9.1	58.2	32.7	9.1

---

① 杜鹏，丁志宏，李全棉，等. 农村子女外出务工对留守老人的影响［J］. 人口研究，2004（6）：44－52.

在 F 新型社区访谈中，农村空巢老人多数不再单纯从事农业劳动，或者不再采用过往时代的传统生产模式。一部分空巢老人已经脱离土地，在附近地区打零工，或者虽然依赖土地，但是就近在土地流转后的家庭农场按照时间节点从事季节性农业劳动；另一部分空巢老人在小区从事保洁工作，通过不间断务工实现日常收入的显性增加。

过去在家干农活，农村人没有节假日，一年到头来没有闲时。现在也还是这样，农村人是闲不住的。我们从早上起来，就一直不怎么歇着。早上要到自己的菜园去看看，然后上午去干工，带饭去或者老板管盒饭，中午不回来。这些都是有时间点的，晚上回来都天黑了。在家里做点家务，一天就这样过去了。虽然和过去相比，劳动强度没有那么大，但是就这一天下来，也还是比较疲劳的。（F 新型社区 TRL，男，75 岁，20211005）

2. 生活来源方面

D 村空巢老人生活来源按照回答的频次进行区分，子女/女婿/儿媳供给的占 30.3%，自己积蓄的占 31.5%，靠自己劳动的占 31.6%，来自政府补贴和社会救助等其他方面收入的只占 6.6%，见表 3-3 所列。

表 3-3　D 村空巢老人生活来源统计表

类别	空巢老人主要生活来源情况					子女对于老人的供养方式			
	子女/女婿/儿媳供给	自己积蓄	社会救助	自己劳动	政府补贴	实物	现金	帮助缴纳有关费用	其他
百分比（%）	30.3	31.6	3.0	31.6	3.6	43.6	46.4	7.3	2.7

这种情况说明，自己劳动所得、积蓄和子女供养仍然是农村空巢老人物质生活的主要来源。只有不到 10.0% 的人认为要靠社会提供的经济援助。社会援助的主要对象是"五保老人"或特困户。空巢老人家庭里，他们的收支几乎相互抵消，没有或很少有结余。而在子女对于老人的供养方式上，他们大多提供的是现金和实物。其中，供养实物的占 43.6%，供养现金的占

46.4%，帮助缴纳有关费用和其他供养方式的只占 10.0%。可见，子女外出带给农村老人更多的是经济上的帮助。

在 F 新型社区，空巢老人的生活来源更加多元化。在供养方式上，子女从供养实物到多数给付现金，或者定期往老人存折上转账，帮助购买生活日用品等。在收入来源上，空巢老人自己干工收入占比逐渐增加。笔者所调研的农村空巢老人群体中，多数人都在附近务工挣钱，从而增加自己的养老收入，内心层面不再完全依赖于子女养老供给或等待子女养老。

现在农村老年人生活，也不能完全依靠子女来供养。我们虽然不干农活了，但是现在农村各项补贴也还可以。土地流转了也有一部分收入，还有养老保险金等。总体上不错。我们现在身体都还能干得动，也不会歇着吃闲饭。找点简单的事情做做，还是可以的。到一些厂区去除草、去搞保洁等，我们都是可以的。只要不是专业技术上的，属于出体力、弯腰活之类的，我们都能干得来。年轻人也不容易，需要顶一个门头，家里吃喝拉撒睡，都需要花钱。（F 新型社区 TRL，男，75 岁，20211005）

3. 经济收支方面

随着经济社会的快速发展，农民生活水平也在不断提高。笔者在 D 村调查时发现，虽然农村年经济毛收入在 9000－12000 元之间的占被调查者的 90.0% 以上，但是与之相较的是年经济支出在 9000 元以上的占被调查者的 90.0% 以上，其中年支出超过 12000 元的占 9.1%，而年收入超 12000 元的只占被调查者的 1.8%。可见在广大农村，尤其在农村空巢老人家庭中，收支相差较为明显的家庭仍然占较大比重。在他们对于自己经济状况的评价中，认为自己生活有点困难或相当困难的占 76.3%，认为自己生活大致够用或稍有宽裕的只占 23.7%。D 村空巢老人（家庭）经济年收入及经济支出情况见表 3－4 所列。在农村，他们只得靠传统意义上的"勤俭持家"过日子，只得不停地劳作，向土地要收成，在土里刨食吃。

相较于农村生活生产成本的不断提升以及市场物价的快速攀升，挣钱速度赶不上花钱速度，老人普遍的感受是"钱不经花了"。从这一层面来看，子女外出务工所带给留守老人的经济支持非常有限，以致许多空巢老人还要靠劳动来维持生计。他们留守在农村，只要还有劳动能力，不是长年生病卧床的那种状态，就还会继续从事农业生产来养活自己，或者从其他渠道挣得一点收入来填补留守生活的支出。而在收支对比中也可以发现，虽然现在总体收入水平较以前大大提高了，但是年均经济支出上升速度也相当快。收支相抵后，老人的生活水平提高幅度不大，依然维持基本温饱状态，尚未达到理想化的小康水平。

表3-4　D村空巢老人（家庭）经济年收入及经济支出情况一览表

类别	年经济毛收入（元）						年经济支出（元）				
	8000以下	8001—9000	9001—10000	10001—11000	11001—12000	12000以上	9000以下	9001—10000	10001—11000	11001—12000	12000以上
频数（n＝55）	1	2	25	20	6	1	4	14	25	7	5
百分比（％）	1.8	3.6	45.5	36.4	10.9	1.8	7.3	25.5	45.4	12.7	9.1

而到了2020年代，笔者在F新型社区调研时发现，伴随着近年经济社会的发展与物价上涨，农村空巢老人日务工收入多数在80—120元之间，按照一年工作250天计算，其务工年收入可能达到20000—30000元。如果是从事村级保洁等较为稳定的工作，正常工资水平为每个月2000多元，则其年度收入可在25000元上下。如果空巢老人夫妻双方均能劳动，则其家庭年度收入可以达到大约50000元。在支出层面上，按照现行物价，农村空巢老人省去了农业生产成本，日常生活成本在儿女不予给付的情况下，他们的正常支出水平大概在10000—20000元（这个不包括人情费用、礼节性来往费用）。这一收支对比在农村地区也基本能够达到较为体面的生活水平。通过相关数据比较，笔者发现2020年代农村空巢老人生活水平与2010年代有着很大的不同，尤其是省去了农业生产成本，在收入差别不大的情况下，则能够较为有效地提高农村空巢老人的生活水平。由此可见，往昔时期农业生产成本占据了其家庭年度支出的半数以上，拉低了农村空巢老人日常生活水平。

以前在农村生活，不仅是吃饭问题，还有生产问题。那时候家家都要养猪啊、养牛啊、养鸡鸭鹅等。为什么要养，因为家里开支在那摆着。养鸡鸭鹅，能够生个蛋，改善一下日常伙食；或者到年底了，杀掉腌制一下，过年来亲戚朋友吃。有时候自己舍不得吃，拿到集镇上卖了，换点油盐酱醋。牛是农业主要劳动力，基本上家家都有，或者弟兄几个合用一头牛。有的家里养个母牛，老（牛）带小（牛），也能够卖了挣点钱。那时候一头小牛养大了，需要一年多时间啊，大概可以卖到一千多元钱。养猪呢，到年底了，可以杀一头，自家或者亲戚一起分分，还是能挣一点。或者直接都卖给猪贩子，一头猪通常能卖个300－500元左右。这就是全年的副业收入情况。但是这些收入，还是抵不过农业生产成本，化肥、农药、种子等等吧。还有粮食也不值钱，那时候一斤稻子、一斤麦子、一斤油菜籽才卖多少钱，国家保护价也才几毛钱，一块钱都不到。一年到头算下来，就是落一口吃喝的，基本上结余不到多少钱。你像家里再有一两个孩子上学费用，就非常紧巴巴的。现在不一样了，日常开支里，不仅农业生产这一块是没有的，还有国家政策性农业补贴。平时打工，就是挣点钱，填饱肚子就行。所以，你不要看收入相差不大（其实还是有差距的），但是生活压力就相对小多了。(F新型社区HD，男，73岁，20220501)

（二）健康医疗境况

基于人口学特征，老人到了一定年龄阶段身体机能会逐渐下降，农村空巢老人身体健康状况也不例外。随着农村合作医疗政策的进一步实施和日渐完善，能从客观上对农村空巢老人健康起到了很好的保障作用。然而，笔者通过调查发现，农村空巢老人在健康医疗、大病照料等方面仍然存在着诸多亟待解决的问题。

1. 生活自理和身体状况方面

D村空巢老人生活自理和身体状况见表3-5所列。D村空巢老人身体一般和体弱的比率占67.3%，（他们认为）身体很好或不好的只占23.6%和9.1%。在老人固有观念中，日常感冒发烧或小伤小疼都不是病，他们一般也不会放在心上，总是硬扛着。除非要卧床休养或有慢性疾病，他们才认为是身体不好或有病。

表 3-5 D 村空巢老人生活自理和身体状况一览表

类别	空巢老人生活自理情况			空巢老人身体状况			
	完全能自理	基本能自理	部分能自理	很好	一般	体弱	不好
频数 (n=55)	29	18	8	13	20	17	5
百分比（%）	52.7	32.7	14.6	23.6	36.4	30.9	9.1

在生活自理能力方面，52.7％的被调查者完全能够自理，32.7％的被调查者基本能自理，14.6％的被调查者部分能自理。由于在问卷调查时，笔者采用的是主观判断抽样方法，从而忽略了完全不能自理人群。同时，当老人生活完全不能自理时，家里基本上都有成年子女照顾和看护。

在 F 新型社区，笔者进行访谈的基本情况与 10 年前 D 村相差不大。老人生活不能自理时，家中基本上均有子女照料，或者由子女接过去共同生活。而只有在老人生活完全能自理的情况下，子女才可以安心外出务工。因此，调研中农村空巢老人均是生活完全能够自理，并能在一定时期内从事力所能及劳动的人群。他们的这种自理能力，也不会给外出务工子女带来心理负担，抑或是子女来回奔波照顾后的身体负担。

以前在农村，早些时候大家都没有出去打工，也就那样。现在不一样了，一个一个都出去打工了，年轻人在家也就待不住了。毕竟外面挣钱机会还是多一点啊！你像有些人在家里搞养殖业的，搞家庭农场承包地的，自己当老板。搞出了些名堂，那个是需要技术的，不是每个人都行的。大多数人都是普通人，没有那个本事，还是要靠给老板打工挣点死工资。我们出去打工，只有大城市机会才能多些。你像家门口也有要人进厂打工的，但是工资就没有江浙沪、广州、深圳老板给得高。你出去打工挣钱，当然是哪里给钱多就到哪去，反正是打工，哪里都一样。现在生活条件好了，老人寿命也比以前长多了，我们就趁着这个时间抓紧出去干二年。等到老人身体不行、需要照顾了，你就是想出去挣钱，也是不放心家里了。有那个心，没有那个力了。（F 新型社区 QPO 儿子，男，45 岁，20220203）

2. 医疗和治病方面

D村空巢老人生病态度见表3-6所列。2010年前后在D村，49.1%的空巢老人选择了生病时不去看医生，自己买点药吃，而选择忍着的老人占23.6%，选择找医生看病的老人为25.5%，另有1.8%的老人选择采用其他方式。由此可知，农村空巢老人在生病时所做出的选择，很大程度上缘于看病难和看病贵。调查中，50.9%的老人认为医院收费很贵，30.9%的老人认为有点贵，另有12.7%的老人说不清。

表3-6　D村空巢老人生病态度一览表

类别	空巢老人生病时采取的措施				空巢老人对于医院收费的认知度			
	忍着，不去看病，也不吃药	不看医生，自己买药吃	找医生看病	其他	很贵	有点贵	说不清	比较便宜
频数（n=55）	13	27	14	1	28	17	7	3
百分比（%）	23.6	49.1	25.5	1.8	50.9	30.9	12.7	5.5

到了2020年以后，在F新型社区中，空巢老人的生病态度相较于10多年前变化不大，他们仍然会在日常小病时采取硬扛的方式，或者自己到集镇药店买点药，或者到社区医院简单治疗一下，而不愿到县级以上医院住院治疗。

农村人认为身体没有那么矫情。你去打针吃药，动动手都要花钱。你讲那个医保，报销不了多少。你感冒发烧的，它也不给你报销呀！其实，人吃五谷杂粮，哪有不生病的，最常生、最易得的病就是感冒发烧。能够扛住的就先扛着。真扛不住了，才到附近小医院去搞点药吃吃。能吃药就不打针，能打针就不吊水。你要是每次感冒发烧的，都去吊水，哪次都要大几百元。吃药稍微便宜点，就是效果来得比较慢。打针也不便宜呀，要打一星期，也得好几百的。（F新型社区FG，男，75岁，20220205）

3. 农村医保认同度方面

D村空巢老人对于农村合作医疗认同度见表3-7所列。D村87.3%的空巢老人认为农村医保对于他们看病基本没有什么帮助，只有10.9%的人认为有帮助。而在问到没有什么帮助的原因时，认为报销手续太麻烦的老人占50.9%，认为报销的钱太少和不知道怎么报销的老人各占23.6%。就这一点，在F新型社区调研中，则略有不同。相较于10多年前，到了2020年以后，农村合作医疗政策逐渐完善。一是报销手续相对简化，住院治疗门槛费缴纳后，则可以在出院时自动结算。但是，据老人们反映，你只要住院，除去报销的费用，你总要贴掉一点。不可能完全报销，有些药是不能报销的，就得自己掏钱。二是需要住院才能报销医疗费用，正常到药店买药很少能享受到农村医保政策福利。医保卡里那点钱是不够的，尤其是老年人身体机能逐渐下降，生病频数增加，"肠胃都是药水泡着的"是他们这一时期的自嘲话语。

表3-7　D村空巢老人对于农村合作医疗认同度

类别	空巢老人对于农村医保作用的认知度			空巢老人认为农村医保对于看病没有什么帮助的原因			
	有帮助	没什么帮助	缺省值	报销的钱太少	报销手续太麻烦	不知道怎么报销	缺省值
频数（n＝55）	6	48	1	13	28	13	1
百分比（%）	10.9	87.3		23.6	50.9	23.6	

F新型社区党支部F书记和T委员都给出了对当下农村合作医疗保险的最新解读。

现在农村合作医疗政策比以前改善太多了，笼统称为"城乡居民医疗保险"。报销范围有所扩大，报销比例也有一定提升。它政策调整了，我们对老百姓做工作就相对好做了。举个例子，现在的政策里，基层普通门诊待遇方面，在社区卫生服务中心或者乡镇卫生院门诊就诊，医疗费用按照60%比例报销，年度报销限额为150元。农村现在也有高血压、糖尿病患者，这两种病患者在基层门诊用药另外还能分别享受360元、480元用药保障。而对于大额普通门诊、慢特病门诊等也有明确规定，报销比例不等。对于农村家庭来讲，这些都是不错的。另外，你像住院报销待遇、大病保险待遇、异地就医报销等，政策层面也有明确规定，只要按照那个指南来操作就行了。但是，就现在这些优惠措施，这么方便了，很多人缴费还是不怎么及时。尤其是那些常年在外打工的中青年人，他们就认为自己没有时间来搞这些事情。认为年轻、生病少，暂时用不上，所以也不怎么上心这些事情。每年到了集中参保缴费期，我们就会在微信朋友圈发通知，或者村两委成员分工打电话，或者对于通讯录好友群发通知，催促他们缴费。他们或者转钱给我们来帮助完成缴纳，或者自己在小程序上操作，或者说定了由我们暂时代垫也是可以的。多数老年人住在农村，但是技术这一块也不会操作。或者让子女代缴，或者有时间了，才来村里让我们帮助操作小程序缴纳。（F新型社区党支部F书记，女，42岁，20221010）

现在镇里城乡居民医保、农村养老保险缴费方面也对村里进行目标考核。集中缴费期，每周一通报。社区两委都有原来分工包联的村民组，现在是分楼栋进行包片通知。医保这一块，个人缴费虽然是在上涨，原来是几十、一百元，到二百、三百元，但是服务项目也在增加。以前没有纳入的慢性病药很多都已经纳入进来了。你讲这个筹资比例，2019年个人缴费250元，财政补助则是520元，实际筹资标准则是770元；2020年个人缴费280元，财政补助则是550元，实际筹资标准达到830元；2022年个人缴费350元，财政补助则是610元，实际筹资标准达到960元。从这组数据可以看到，个人需要缴纳的费用在上涨的同时，财政补助也是同步上涨的。国家政策动态调整，就是想让老百姓能够享受到更多的医疗资源，能够不再担心生病，能够承担得起费用，敢于去看病。（F新型社区党支部T委员，男，51岁，20221010）

既往时期，我国农村传统养老一直是由家庭来完成，而子女外出务工的必然结果是老人需要照料时的子女缺位。空巢老人一旦患病，既没有儿女在身边照顾，也没有足够的经济能力请保姆进行照料。与此同时，他们中的大多数人都不能获得相对稳定的经济支持以化解疾病风险和进行营养补给。

（三）精神生活境况

在中国传统文化观念里，人们养老所需的物质生活来源和日常生活照料责任，毫无疑问都是由子女承担。在很长一段时间内，子女是养老责任的主要承担者，家庭养老几乎是农村世代传承的养老模式。然而，随着社会的不断发展变化，这种传统的养老模式正在迅速瓦解，或者说受到了前所未有的冲击[①]。

子女外出务工，留守农村的空巢老人无法享受天伦之乐，要长期忍受孤独、寂寞之苦。不言而喻，劳务经济使得农村家庭收入有了大幅增长。但在物质生活不断改善的今天，精神慰藉比物质供养更能体现"孝"的真谛，更能满足空巢老人晚年生活中的情感需求。而子女的孝顺行为以及其他孝道展示，则是老人情感需求的主要来源。因此，他们的思想常常自觉不自觉地脱离现实生活[②]，精神状态长期欠佳。

1. 和邻里关系方面

D村空巢老人和邻里关系及其对于留守生活的总体感受情况，见表3-8所列。在总体感受层面，D村有38.2%的空巢老人对自己目前的生活不太满意，34.5%的人认为一般满意，23.6%的人表示比较满意，另有3.6%的人表示非常不满意。在人群比较上，有67.3%的被调查者认为自己比非空巢老人（有子女在身边）生活要差些，32.7%的人认为和其他老人差不多。在农村空巢老人与外界交往方面，10.9%的农村空巢老人与邻居、朋友有较多接触，接触比较少的占50.9%，接触一般和很少的分别占21.8%和16.4%。由此可见，农村空巢老人留守生活社会交往总体感受偏弱，交往范围与空间相对偏窄。各种要素均在农村老人留守过程中对于他们的精神生活产生了重要影响。

---

① 张文娟，李树茁. 劳动力外流对农村家庭养老的影响分析 [J]. 中国软科学，2004 (8)：34—40.

② 陈成文. 城市特困老年人的生活状况及其社会支持 [J]. 城市发展研究，2000 (1)：35—39.

表3-8　D村空巢老人对于留守生活的总体感受及其和邻里关系情况

类别	对于留守生活的总体感受				留守生活和其他人的比较情况		和周围邻居、朋友的接触情况			
	比较满意	一般	不太满意	非常不满意	差不多	差些	很少	较少	一般	较多
频数 (n＝55)	13	19	21	2	18	37	9	28	12	6
百分比 (%)	23.6	34.5	38.2	3.6	32.7	67.3	16.4	50.9	21.8	10.9

在 2010 年代，D 村内部人群较为熟悉，人们之间交往、交流或者邻里关系相对较为单纯，呈现为费孝通先生所言的"熟人社会"关系。时间来到 2020 年代，由于 F 新型社区是集中居住共同体，人们之间多数不太熟悉，人际关系呈现为人口流动时代的"半熟人社会"或者"陌生人社会"。对于农村空巢老人来说，邻里关系相对较为淡薄。同住一个小区里，不同楼栋之间或者同一楼栋不同楼层之间，人们交往、交流日渐稀少。多数人忙于务工挣钱，或者回家即关门，对于左邻右舍比较陌生，活动范围仅限于自己居住之地。

以前在农村分散居住，同住在一个小耶子（自然村庄）的几家或者十几家，大家比较熟悉。有时候在田里干农活，碰上了还能开个玩笑，聊聊天，谈谈农事，谈谈国家大事。现在住到小区里，人们之间就像是防贼似的。同一个楼栋的，只要是以前不熟悉，你住到一年半载的，仍然是不熟悉。大家也知道彼此是同一个楼栋的，就是见面不打招呼，也不聊天。迎面看见了也当作是没有看到。只是有些家里老人带小孩的，在小广场那里，由于小孩在一起玩耍，大人也才会简单地聊会儿天，说说孩子喂养等之类的话题，基本上是没有多少实质性内容。其他人不是因为有这些事情，基本上都是见了面不吱声。（F 新型社区 HD，女，73 岁，20220502）

如图 3-1 所示，一位农村空巢老人在自家楼下废弃的长凳上静坐，独自发呆；或者观看可有可无的风景，或者观看来来往往的人群，以打发闲散时光，日复一日，在时光流逝中慢慢老去。这一图示情景，虽然只是以个案呈现，但是证明了当下农村空巢老人留守生活的寂寞与无奈，以及交往空间的狭窄、精神娱乐方式的单一。

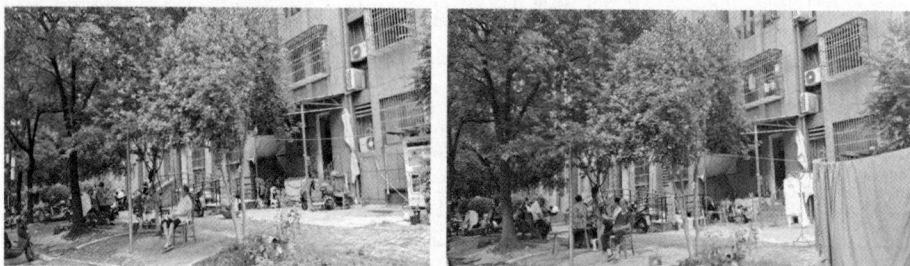

图 3-1　农村空巢老人留守一隅概览

2.和家人关系方面

D村空巢老人和家人关系见表3-9所列。43.6%的老人对子女外出持赞同态度，很矛盾的占38.2%，无所谓的占16.4%，持反对意见的只占1.8%。由此可以得出，老人对于子女外出、不在身边的情况大多数表示理解，但这是一种出于无奈的理解，而不是发自内心的真实表达。一方面他们要支持子女的想法，出门挣钱，增加收入；另一方面他们又希望子女能够多在膝前照顾、陪伴，但是囿于农村特殊的经济条件，和子女们发家致富、提高生活水平的渴望，导致他们只得如此选择。

表 3-9　D村空巢老人和家人关系一览表

类别	空巢老人对子女外出态度				外出子女回家次数统计情况			
	赞成	反对	很矛盾	无所谓	一年一次	一年两次	一年三次及以上	两年或者几年一次
频数（n=55）	24	1	21	9	4	25	21	5
百分比（%）	43.6	1.8	38.2	16.4	7.2	45.5	38.2	9.1

另据表 3-9 可知，D 村空巢老人家中外出子女回家次数统计情况为一年两次的占 45.5%，一年三次及以上的占 38.2%，而一年一次和两年或几年一次的分别占 7.2% 和 9.1%。有的子女一年回家 2—3 次，主要是看看家里情况，挂念家里老人；有的是在农忙季节回家忙几天；有的只在每年春节回家一次；另有部分路途遥远的则只有几年回家一次。虽然他们也挂念家里的老人和孩子，但是路途远、路费高，只得长期忍受思念之苦。

在 F 新型社区访谈中，很多老人认为自己老了，这辈子就这样了。他们不应该拖子女后腿，成为子女负担，而应该让子女能够心无旁骛地外出挣钱。

他们外出务工也是增加家庭收入，让自己生活更好呀！现在这个社会，你手里没钱，你到集镇上，买一个烧饼都买不到，别人也不会白白把（给）你的。好在家里还有老伴陪着。自己白天出去干工，晚上才回来。老伴在家里忙这忙那的，有时候去捡点破烂卖，基本上不怎么着急。（F 新型社区 LI，男，72 岁，20220502）

随着物质生活的富足，精神生活的满足日渐成为老年人的重要需求。农村子女普遍把赡养义务理解为物质供养，而忽略了对父母的精神关怀，子女外出务工更减少了空巢老人能够从家庭中获得的精神慰藉[1]。研究发现，外出子女通过回家探望、打电话等方式带给空巢老人的精神安慰十分有限，代际情感交流缺乏，双方对彼此的内心世界知之甚少。

3. 娱乐休闲方面

农村特有的乡土风俗以及固有的村情村貌，影响着农村人群的行动轨迹。加之，既往时期多数农村社区公共文化设施和文化活动匮乏，留守农村的空巢老人文化生活十分单调。子女外出而产生的孤独感、心理压力和其他消极情绪很难得到很好的宣泄，老人们的健康程度因此受到较多的负面影响。D 村空巢老人娱乐活动安排频数见表 3-10 所列。31.5% 的时间是用于照看孙子女，31.5% 的时间是用于看电视、听广播，16.4% 的时间是用于和邻居聊天，10.5% 的时间是用于赶集，只有 3.0% 的时间是用于走亲戚。

---

① 孙鹃娟．劳动力迁移过程中的农村留守老人照料问题研究 [J]．人口学刊，2006 (4)：14—18.

表 3-10 D 村空巢老人娱乐活动安排频数（%）

类别	空巢老人娱乐活动情况					
	照看孙子女	聊天	赶集	看电视、听广播	走亲戚	其他
百分比（%）	31.5	16.4	10.5	31.5	3.0	7.1

在 D 村调查中可知，缘于农村特有的地理区域格局和空巢老人的身心健康状况，他们多数只有待在家里看电视或者照看孙子女，或者到邻居家里串串门，或者到集市上购买自己的生活、生产必需品。因此，他们就更希望子女能够多回家或者多打几个电话回来，以排解孤独、寂寞、相思之苦。D 村空巢老人对于娱乐活动认知度见表 3-11 所列。在娱乐重要性上，他们也认为娱乐休闲对于自己的晚年生活非常重要。其中，认为娱乐活动比较重要的老人占 41.8%，认为一般重要的占 49.1%；而在娱乐时间上，几乎没有娱乐时间的占 40.0%，不太充足的占 54.5%，只有 5.5% 的老年人认为自己的休闲时间一般。

表 3-11 D 村空巢老人对于娱乐活动认知度

类别	空巢老人对于娱乐活动的认知度			空巢老人对于娱乐时间的总体感受		
	比较重要	一般重要	不太重要	一般	不太充足	几乎没有
频数（n=55）	23	27	5	3	30	22
百分比（%）	41.8	49.1	9.1	5.5	54.5	40.0

在 F 新型社区，除了每天外出打零工的老人群体之外，留守在小区里的另一部分空巢老人通常会选择在广场聊天，或者条件稍微好点的老人也会三五成群聚在一起打打麻将或者进行"掼蛋"娱乐（当地的扑克牌游戏）。与此同时，纯粹采用赶集、走亲戚等方式增加娱乐活动频数的大为减少。一方面是现在物流发达，所需日常生活用品在社区服务中心或者邻里中心、门口超市等地均能购买到，他们不需要经常性、远距离赶集。即使赶集，老人也没有像以前一样三五成群边走边聊，而是骑乘电瓶车或者乘坐村村通公交班车，

来去匆匆。另一方面是亲戚多数都忙于务工挣钱，较少有人赋闲在家。

笔者在 F 新型社区调研时发现，农村空巢老人除去帮助照看孙子女或者在小广场聊天、进行"掼蛋"等活动以外，另有更多人选择使用手机观看小视频，或者足不出户待在家里看电视。

现在到农村亲戚家里，都要提前打电话，否则他们有可能出去干工了，你去了没有人在家。你提前打电话，他们需要向老板请假，毕竟人家老板给他发工资。假如你不去上班，也不吱声，人家老板到时候扣你钱，那你就说不过人家了。现在走亲戚都要实行预约了。我们要么待在家里看电视连续剧，要么到菜地里转转。你要想找人聊天，就得去小广场，而且还要有的话题可聊，不然人家聊着天，你也插不上嘴，就只有干听的份。（F 新型社区 ZP，男，75 岁，20220502）

4. 隔代监护孙子女方面

（1）在农村空巢家庭中，代际关系重心下移，老年人地位边缘化问题较为突出。契约化人际关系极大地冲击着以血缘为纽带的传统家庭关系，使代际关系中先前的双向平衡抚养和赡养关系被打破，转为单向度运转。

D 村外出子女和家人联系情况见表 3-12 所列。D 村外出子女回家次数为一年两次的占 45.5%，一年三次以上的占 38.2%，而一年一次和两年或几年一次的分别占 7.3% 和 9.1%。而子女在外对家里打电话情况是一年不足 10 次和 15 次以上的占总数的 45.4% 和 16.4%，打电话次数较少的情况所占比例较高。由此可见，时间延展与空间上的距离感，使老人与子女长期两地分居，这种现象大大减少了老人对子女的控制和影响力。老年父母对子约束力从早期的"耳提面命"，推演至现今大多数已显得有些"力不从心、鞭长莫及"了。

表 3-12　D 村外出子女和家人联系情况一览表

类别	外出子女回家次数				外出子女打电话回家次数（全年）			
	一年一次	一年两次	一年三次及以上	两年或几年一次	5 次以下	5—9 次	10—15 次	15 次以上
频数（n=55）	4	25	21	5	7	18	21	9

（续表）

类别	外出子女回家次数				外出子女打电话回家次数（全年）			
	一年一次	一年两次	一年三次及以上	两年或几年一次	5次以下	5—9次	10—15次	15次以上
百分比（%）	7.2	45.5	38.2	9.1	12.7	32.7	38.2	16.4

（2）长期的代际分离，使得外出子女与留守农村的空巢父母之间情感交流少了许多。笔者对 D 村的调查显示，外出子女逢年过节打电话回家的占90.9%，不打电话的只占 9.1%。而在电话联系中，全年打电话回家 5 次以下的占 12.7%，5—9 次的占 32.7%，10—15 次的占 38.2%，15 次以上的占16.4%。而在与外出子女电话联系的老人中，90.5%的老人表示主动打电话的一方是外出子女。与此同时，还有相当一部分子女与留守父母几乎很少联系，就算是偶尔通电话，也只是聊日常生活、家庭决策、孙子女的情况，谈不上情感的交流。上述情况说明，子女外出不仅拉大了家庭关系空间感，而且减少了代际间的情感沟通与交流，即使子女在经济方面对父母有所补偿，也很难弥补情感关怀的缺失。

（3）在农村空巢家庭里，空巢老人还要承担对孙子女的隔代监护任务。每一位老人都希望子女会孝敬自己，子女同样也有尽孝的责任和义务。但是，处于中间一代的年轻人在外出务工之后，不但很少尽到养老责任，有些人自身经济状况就很不好，甚至还需要父母的经济支持，需要父母为他们照料孩子、操持家务。因此，老人们不但得不到自己儿女的悉心照料和情感安慰，而且还要发挥"余热"，尽心尽力地去照料孙辈们。中间一代在转型过程中把属于自己的责任和义务推给了老年人，代际角色出现错位。

农村劳动力外出务工时很难把子女带在身边，导致农村隔代监护现象十分普遍。笔者在调查时发现，在农村空巢家庭里，和孙子女同住的占52.7%，而在休闲时间里主要活动为照看孙子女的占 31.5%；有 48.2%的留守老人同时监护 2 个以上孙辈。隔代监护使得留守农村的空巢老人不得不再次经历抚养过程，承受沉重的照料负担，56.4%的隔代监护老人反映监护负担过重。

在这一隔代监护期，孙辈的管教、安全等问题也会增加空巢老人的心理压力。部分空巢老人还需要负担孙辈的抚养和教育费用，出现代际经济的逆向流动，加重了老人的经济负担。祖辈相对落后的文化水平、教养方式及其在子女外出后承受的各种负担也会在很大程度上降低留守儿童的监护质量，影响留守儿童的教育、心理和性格发展①。

在农村空巢老人留守期间，亲情关照缺失、隔代照护孙子女等现象，经过多年的时光流逝，在 F 新型社区仍然清晰可见。外出务工子女与家中父母日常联系情况相差不大，只是在形式上由既往时期的固定电话联系变成了可随身携带的手机联系了，其便捷性与及时性更为突出。同时在电话联系中，部分子女采用视频电话的方式，提高了沟通的直观性。在隔代监护的现实情况下，外出务工子女与老人电话沟通更为频繁，且较多指向孙子女学习、生活情况等，有时候会忽略留守老人的真实感受与精神慰藉。

正常情况下，我们老两口在家，孩子们一般是有事情才打电话。假如隔段时间没有事情，打电话也就是随嘴一问，"现在在家一切可都正常？"我们顺着回应一声，"一切正常"。孩子们就会以忙碌为由很快地挂断电话。而这一句"一切可都正常"则包含了生活的问候、身体状况的问询等其他言外之意的全部内容。我们看他们那么忙呀，也不好意思打扰他们。差不多就自己忍受，慢慢消化了。(F 新型社区 SD，男，71 岁，20211002)

通过分析上述数据可知，子女外出务工导致农村空巢老人精神生活单调，孤独感增强。在农村，大部分老人不再有什么理想化的未来规划。很多老人从自己干不动的那一天起，便对生活失去了信心。事实上，农村老人同样期待着与家人一起享受夕阳时光，期待着丰富多彩的老年生活，期待着社会的关注。同时，笔者发现他们日常生活中不论是外在政策引导还是内心自我意识，很少主动去或者有时间、精力去使用当下的农村文化资源。在他们的普遍认知里，那些高端的文化资源不是为自己准备的，他们还是喜欢日积月累而形成的既往娱乐方式。

---

① 叶敬忠，贺聪志．静寞夕阳——中国农村留守老人［M］．北京：社会科学文献出版社，2008.

　　综上所述，笔者分别从农村空巢老人物质生活、健康医疗和精神生活等几个方面对其当下留守农村的生产生活现状进行深度描述和全面梳理后，可以发现这一群体的总体生存境遇呈现以下特征：一是物质生活虽然有所改善，但还是相对匮乏，经济负担仍然较重；二是身体状况普遍较差，医疗状况堪忧，多数处于硬扛状态；三是精神生活空虚，娱乐休闲活动单调，隔代监护不周到。同时，为了更为直观和感性地了解农村空巢老人日常生活样貌，笔者将通过非结构观察方式进一步收集资料，力图从一位位农村空巢老人的日常生活实践中抽离出共同的样态进行逻辑重构，以更为全面地展现农村空巢老人的留守生活。

二、农村典型空巢老人的日常生活实践

　　如上文所述，笔者通过对调查问卷和实地调研资料的梳理分析，尽力去整体呈现农村空巢老人留守生活的社会支持图景。但是，实际的社会生活归根到底是个人，也即每个社会成员如何从社会获得资源和机会的问题。个人通过一定的方式组成了群体，群体构成离不开个人的有效参与。因此，在对空巢老人留守生活全景的客观描述中，我们不仅要从整体上呈现他们的生活样态，更要从微观上进一步细化他们的日常行为。在与一个个空巢老人进行深度访谈以及对村民日常活动安排的非结构观察中，笔者发现了空巢老人留守生活的更多细微之处，即空巢老人日常实践中普遍的生活样态（以 D 村 ZL 老汉家庭日常活动与 F 新型社区 TL 大爷家庭日常实践为例）。

（一）D 村 ZL 老汉家庭日常活动素描

　　时针拨回到 2010 年代。某一天清晨，当第一缕曙光在东方乍现的时候，留守的 ZL 老汉（65 岁）一家就已经匆匆起床，开始一天的生产、生活了。ZL 老汉的妻子（下文中所指的老太婆）手拿着塑料盆向门前的空地上走去，盆里装着稻、米、糠之类的东西，在那里早已经等着的鸡、鸭"咯咯、嘎嘎"地叫着。只见老太婆轻巧地在空中一抢，便现出了一条长长的食物链，鸡呀、鸭呀见状，疯也似的飞奔过去。顷刻间，只听见小动物们嘴尖触地的声音。老太婆用手指轻轻地点着、用嘴巴不停地数着，在确认具体数据无误后满意

地离开了。ZL 老汉起床后在门前屋后转了转，见没有什么异样，便点起一根烟，扛着铁锹到田里去了。

老太婆喂完鸡、鸭后，开始准备烧早饭了。她从草垛上抱了一些柴火，进到厨房里去了。烧点稀饭，热点干饭，这是早餐中全部的食物。早饭烧好后，她在等着老伴回来吃饭的同时，开始帮着孙子、孙女们穿衣起床，刷牙、洗脸，并盛好了早饭让他们先吃。稍大点的要赶紧吃完去上学，学校离村庄还有 30 分钟的路程；小点的孩子，吃饭比较慢。等到他们吃完了，ZL 老汉也从田里回来了。老两口一边吃早饭，一边絮叨着。ZL 老汉边吃边安排上午要干的农活，哪块田上午要去除草了，哪块田上午要去清沟了。老太婆则说着"小孩子怎么不听话了，鸡鸭上午都要再圈上了，谁家的鸡鸭昨晚上少了，早晨在门口骂着呢"等之类的闲话。ZL 老汉只是支吾搭着话，吃饭的速度却没有减，一会儿就吃完了。老太婆见状，也赶紧停住了话头，埋头猛吃起来。

等到太阳一竿子高的时候，老太婆已经将家务活做得差不多了。就连早晨尚未来得及喂食的"嗷嗷"叫的猪仔也已经吃饱，安稳地睡去了。ZL 老汉和老太婆带上还没有上学的孩子，一起向田里走去。田地里，早已经散布了很多忙活的老人。他们都在自家的责任田里忙着、忙着，时不时有人抬起头来说两句闲话。"他二哥，你说今年冬天会不会下去年那样大的雪？昨晚天气预报说下个星期冷空气要来，昨晚新闻说胡书记上次来讲粮食保护价还要上涨呢！"……带到田里的孩子，在几条田埂上来回地跑着、闹着、嬉笑着。在他们身后，是老太婆关切而唠叨的声音，"小三子，慢点跑，别栽到田沟里了……"

太阳在空中慢慢地移动着，不知不觉已由东方渐起转到了头顶上，已近中午了。远处大路上三三两两放学的孩子一边跑着，一边嬉闹着，向家里赶去。老太婆知道要回家烧中饭了。"他爹爹（爷爷的意思），放学了，我回家烧饭了"。ZL 老汉抬头看了看远处放学的孩子，没有正面回答，只说了句"把三宝带回去"，然后又自顾着干活了。一会儿，田里只剩下清一色的老头子了。他们中有的人歇下了手里的农活，坐在田埂边上抽烟，和田埂边的其他人聊起家常来。

　　老太婆午饭还没有做好的时候，ZL 老汉已经回家了。回家后，见还没有烧好饭，他又在门前忙活起来，总之是没有闲着。家里的电视机正在播放动画片，孩子们端坐在前面，认真地看着。ZL 老汉进屋后只说了句"回来也不写作业"，然后就没有声音了。孩子们回答倒挺快，"没有作业"。ZL 老汉无力地摇了摇头。因为他已经听惯了孙子们的回答，心里想着，"怎么可能没有作业呢！你们就糊吧！"这时候，家里的电话铃声急促地响了起来。ZL 老汉听见了，疾步走到话机前，只"喂"的一声，就知道是谁打来的。因为农村的交往范围只有为数不多的几个亲戚。这次打来电话的是小儿子。他在电话中和老人解释着什么，询问着什么。ZL 老汉只是一个劲地"嗯、嗯，好……"最后只说了句"家里孩子们都很听话，都还好"，然后就将电话挂断了。对于隔代监护孙子女的责任，农村空巢老人们显然承受不了。但是他们也只能这样凑合着，并以安慰和坚定的语气缓解在外子女的担忧和牵挂。因为他知道孩子们在外打工也不容易。

　　午饭后，ZL 老汉是要睡一会儿的。只见他的头刚挨着枕头，就打起呼噜来。老太婆在忙着刷锅碗和喂鸡、鸭、猪仔了。接着，老太婆又去打起猪草来，并把第二天的猪食煮好了。见到老头子还没有起来，老太婆走到床前，轻轻地捶了老伴一下，然后自顾自去带孙子了。

　　ZL 老汉打了个哈欠，从床上坐起来了。"下午到西冲打除草剂去，那里的草已经长起来了"。老太婆只说了句"下午我要上教会去①，你把小三子带上，等会儿结束了我去找你"。老头子没有吭声，倒了一大杯水拉上孙子，背起喷雾器向西冲那块田走去。老太婆也赶紧地收拾了一下，一路小跑着向前面那个村庄的所谓教堂赶去。

　　下午时间过得感觉比上午还快些。太阳很快转到了西面，挂在遥远的树枝上了。老太婆也早已从教堂赶回来，来到田里帮助老头子清理田沟。远处放学回家的孩子们的打闹嬉戏声又传来了。ZL 老汉歇下了手中的活，遥望着一群群打闹嬉戏的孩子们，"他奶奶，把三子带回去吧，放学了"。老太婆没

---

① D 村有少数老年人每周固定时间聚在一个稍大点的教堂唱《圣经》的通俗说法.

有吱声，也抬头看了看，然后开始收拾东西准备回家了。

　　一抹残阳凄冷地只露着半张脸了，半个烧饼似的月亮早早爬上了天空。天渐渐地黑了下来，老人们也纷纷准备回家了，并不时地传来一丝玩笑的声音，"还不走吗，准备干到几点？""就走了，你先走"。不远处黑隐隐的村庄露出几缕光线来，忽明忽暗。ZL老汉抽着烟卷，回到家，放下手中的农具。看着孙子们围坐在电视机旁，正津津有味地看着不知什么片名的动画短剧，他用商量的口吻说道，"待会儿给爹爹看一下天气预报？"孙子们回了一句，"等我看完"。老人知道，等他们看完，哪还能看上天气预报。"你们明个（以后）考试就考这个动画片？你保证能考一百分。"

　　老太婆在喂完家畜后，将晚饭端到电视机旁，接起了话头，"二子，等会儿给爹爹看一下天气预报。你们抓紧搞吃饭、睡觉，明天可都不上学了？"孙子不耐烦地嘟囔着，"好好好，给你们看你们就满意了吧"。说完，他便恨恨地端起饭碗吃了起来。虽然没有多少可口的菜肴，ZL老汉仍拿起酒瓶拧开（通常是比较廉价的高度酒），倒了满满一杯，然后又将酒瓶盖上，自顾自喝了起来，也不管老太婆是否要喝。他边喝酒边和老太婆聊天，商谈第二天的农活安排。

　　晚饭后，ZL老汉又顶着月色到前面兄弟家去商量小孩他二姨家娶媳妇随礼的事了。在农村，一般情况下，住在一起的亲兄弟在人情往来上，更多的时候是要商量人情消费的事情。在他们的观念里，一起去亲戚的家里，随礼标准一定是一样的，否则就会被人们认为是不厚道，不够处。

　　夜渐渐深了，老太婆和孙子们早早地睡下了。ZL老汉还在兄弟家没有回来。农家的灯光渐渐地暗淡了，直到所有人都沉浸在睡梦中。只有不远处偶尔传来几声"汪汪"的狗叫声和婴幼儿的啼哭声。这时候的月光越发明亮了，它是在照耀着夜行人前进的路途，还是想将这样的空巢村庄一览无余地呈现在夜幕里呢？这一夜是平静的，第二天黎明又会如期而至。

（二）F新型社区TL大爷家庭日常实践素描

　　时间来到了2020年。自从搬到F新型社区（比较大的回迁小区）以来，TL大爷一家已经从刚开始来时的不适应过渡到现在基本适应，并能够正常安排日常活动了。TL 大爷现年 71 岁，其老太婆 68 岁。两个儿子、一个女儿均已经结婚成家，并且孙子女们也随着外出务工的儿子们到城里上学去了。在农村社区里，老两口留守在家，也不能够到城里打工。到了这个年龄段，去城里务工也基本上找不到用人单位。毕竟年龄大了，身体机能下降，用工过程中还说不定会发生什么意外。

初春的一天早晨，乍暖还寒。有别于老家自然村庄的生活闲散与视野空旷，安置小区显得狭小与陌生。由于子女们都在外地务工，家里的农田也已经交给村集体流转给大户承包了。每年每亩地承包价为 500—600 元不等。现在的集中居住区距离农田骑电瓶车大约需要 30 分钟，TL 大爷基本上很少回到自己的农田去走走看看。因为那里的农业耕作在大户承包后基本上采用了机械化作业方式，连片种植小麦、高粱、水稻等农作物，老人们即使回去看看也仅仅是看看而已。面对集中居住区留守老人较多的事实，村集体在征询部分村民代表的意见后，在安置区东边附近整体划转几亩地范围，整理成方格地或者小片地块，无偿分配给能够正常参加农业生产的留守老人，让村民在这里种植部分家常日用蔬菜。村集体这样做具有两个好处，一是解决了村民土地流转后，闲暇时间多的问题；二是解决了村民日常蔬菜食用问题，贴补日常生活支出成本。TL 大爷家也分得了一块菜地，老两口在不忙的时候，有事没事就到菜地里看看。这里整整，那里弄弄，一刻也不闲着。

前几年农村学校普遍实行撤点并校，即使在集镇中小学，学生也日渐减少，很多务工群体将孩子带到务工城市就近入学。虽然有些地区还需要缴纳一定的赞助费用，但基本上能够接纳农民工孩子入学，也能有效解决农民工外出子女教育问题。鉴于此，TL 大爷的儿子们也将其孩子们带到城里，留在身边上学。因此，TL 大爷的日常生活安排中，不需要隔代照看孙子女。TL 大爷每天早早醒来，然后起床到东边菜地里，整整弄弄；老太婆则在起床后开始做早饭。一般情况下，他们的早餐是面条或者鸡蛋炒饭。

由于身体比较硬朗，TL 大爷老两口一年到头是不怎么闲着的，有时候还根据季节在周边地区不定期参加农业方面的工作，譬如，到附近家庭农场照看田地、帮助除草、帮助收割等，到附近城镇栽树或者园林整理等，到附近批发市场拣装农副产品等。时间干得长了，只要有活，老板们自然地就会委托村里带头人找这些老人来帮助完成工作。在农村地区，老人们普遍日工资在 80－120 元之间，多数时候活一干完就会结清工资。这也是老人们乐意参加的原因，能够立刻见到现钱，增加日常收入。

由于城镇开发，附近工地上近期需要一定人手，TL 大爷老两口也参与干活。这次的工作是街道绿化，也就是他们所言的"去栽树"。老板在工地现场是不管吃喝的，包工到人每天 100 元，工作时间为 10 小时。从早晨 8 点到下午 6 点，中午休息半小时。因此，这次到工地干活，他们需要自己带饭。带到工作现场的饭菜是在前一天晚上已经做好的，等到中午休息时间直接用老板提供的微波炉加热即可。另外，有的人还会用保温桶带饭，那样就需要早晨起床后现做饭菜，才能保证到中午吃饭时间仍是热乎乎的。

基于这样的工作要求与工作特点，TL 大爷老两口早晨会先到附近菜地里看看，基本上掌握了蔬菜的生长情况，是否需要施肥或者浇水等，以便闲暇时能够照应下来。因为到集镇有一段距离，所以 TL 大爷老两口没有自己骑行电动三轮车，而是等待老板安排的"专车"接送（一个老旧的经过改装的货车）。吃完早饭，他们便收拾妥当，准备着等车一到，即刻出发到工地去。TL 大爷家在回迁安置中抽签分到的是 4 楼一套 85 平方米的两居室。在车子没有来之前，他将阳台窗户半开着，随时查看楼下动静。不一会儿，就听见楼下有人喊"车子来了，车子来了，老 T 走了、走了"。而 TL 大爷也会赶忙地答应着"来了，来了"，边呼喊着老太婆，边拿起自己的日用大水壶和饭盒向门外走去。紧跟上的老太婆也是拿上装有饭菜的手提袋，门带上、反锁了，下楼上车离开。在这一群人中，TL 大爷老两口虽然年龄较大，但是干活也不惜力，深得老板喜欢。半小时后，车子到了工作现场，这一车老人一个接着一个下车，跟随老板的步伐找到具体的工作地点，然后搬运树苗、栽树打凼、排树分枝、提水浇水、把苗扶正等。工作虽然不累，但是比较烦琐，需要老人有认真的态度，更需要耐心去做。

在工作现场，由于内容较多较细，来的老人也比较多，多数都是一个小区的。有些人在工作中慢慢熟悉了，偶尔也会开点玩笑以打发时间。上午 4

个小时，他们按照一定的工作流程按部就班有序推进。很快到了吃午饭的时间，这些人便分批次去热饭，然后聚集在树荫下简单吃完午饭。吃饭的时候，大家基本上很少说话，也很少打听别人带来的是什么样的饭菜，都是自顾自地吃着。只有极少数关系比较要好、平时比较谈得来的老人才会偶尔开个玩笑。"今天饭菜咋样呀，有没有带'硬'菜（荤菜，如排骨、鸡、鸭等），给我一块尝尝"。能够在一起开玩笑的老人们如果带了好一点的饭菜，也会在这一刻大方地夹一块"硬菜"给其他人。老板规定午饭时间为半小时左右，他们吃完饭稍事休息，就陆续开始了下午的工作。下午的工作也是如此，在老板指挥下，紧张而有序。到了下午6点钟左右，老板说"今天就到这吧，下班了，明天还是这个点"。这些老人们便又如来时那样，一个接着一个地登上老板安排接送的"专车"，结束一天的务工生活。

老两口被老板安排的"专车"送回到家中后，TL大爷通常会打开电视机。他即使不看，也让它在那里开着，然后帮助老太婆一起做晚饭。半小时后，晚饭做好，老两口围坐在电视机旁边，边吃饭，边看电视。TL大爷偶尔也会在这时候喝点自制的白酒（用红枣炮制的廉价高度白酒），有一句没一句地和老太婆聊着白天的见闻。诸如"老张今天带的伙食很硬呀，他家老太婆做菜有几手；老李今天干那段有点偷懒，他那个人有点'滑头精'；老孙家的两个孩子在外边混得都不错，有一个都干上带班领导了"。吃完晚饭，老太婆去厨房洗碗，然后准备明天外出干工需要带的饭菜。TL大爷则会独自坐在旧式沙发上一边看电视，一边等待老太婆做完家务后，共同看完每天黄金时间连续播放的两集电视剧。不到晚上9点钟，老两口就准备洗洗睡了，然后再次迎接第二天仍然如是的日常实践了。

通过对D村ZL老汉一家在2010年代的日常生活状况以及F新型社区TL大爷一家在2020年代的日常生活状况的比较，笔者发现，在他们的观念中，一年到头，日复一日，"眼睛一睁，忙到熄灯"。只有过年时，他们才能忙里偷闲，让自己休息一下。然而，有时过年时虽然歇了农活，但是如"候鸟"般归来的孩子，反而会加重他们的劳动强度和家务负担。相较之下，留守农村的空巢老人的生活与生产内容在10年间已经发生了较大程度的改变。

从往昔的纯粹农业生产、隔代照顾孙子女的现实，到后来集中居住，农业生产不再是他们日常实践的全部，务工挣钱倒成为他们日常生活的真实写照。

第三节　农村空巢老人社会支持类别化表征

为了全面了解空巢老人留守农村的社会支持状况，根据范德普尔问卷以及张文宏、贺寨平等人的研究，笔者从实际支持、情感支持和社交支持等3个维度来全面阐释，且进一步将这3个维度具体化为借钱、借物、重活帮助、生病照顾等10个方面。与之相应，笔者在此基础上从网络规模和社会角色关系类型两个角度对这10个方面进行详细解读，以图更为详尽地展现农村空巢老人留守生活的社会支持状况。

所谓网络规模，是指构成一个人社会网络的全体成员数目，它是测量个人社会资源拥有程度的一个重要指标。其通常有两种表示方法：一种以成员数为计算依据，即一个社会网的成员越多，则网络规模越大；一种以关系为测量标准，即用社会网成员间的具体关系来表示网络的大小①。笔者采纳的是后一种测算方法。笔者通过对农村空巢老人社会支持网络规模的分析，以期从宏观角度整体呈现他们留守生活中社会支持的全貌。同时，笔者从社会角色关系类型层面进一步详解这一群体和外在支持网络成员之间关系以及角色选择的影响因素。社会角色是指构成这个社会网络全体成员之间的相互关系。为了研究需要，笔者将社会支持网络人员角色界定为配偶、子女、孙子女、兄弟姐妹、其他亲戚、朋友、邻居、村组干部、其他人（同村人、熟人等）。为了检证这一社会支持状况，D村空巢老人采用网络规模形式予以呈现，F新型社区空巢老人则采用访谈资料验证和类型化比对方式予以呈现。

---

① 阮丹青，周路，［美］布劳，等．天津城市居民社会网初析：兼与美国社会网比较［J］．中国社会科学，1990（2）：157－177.

一、农村空巢老人与实际支持

实际支持是指向农村空巢老人提供和他们日常生产生活密切相关的支持行为，具体可分解为借钱支持、重活帮助支持、借物支持以及病期照顾支持等多方面。在具化研究过程中，这几种支持方式的总体情况是怎样的？实际支持网络规模有多大？实际支持网络成员之间有着怎样的互动关系？笔者将在后续阶段分别予以探讨。

（一）农村空巢老人实际支持境况

1. 借钱支持

（1）网络规模方面。D村空巢老人实际支持网络统计见表3-13所列。在2010年代，D村空巢老人借钱支持网络的集中趋势为：均值是1.47，众值是1，中位值是1；离散指标值为：最小值是0，最大值是3，标准差是0.857。其中，网络规模为0人的占9.1%，为1人的占49.1%，为2人的占27.3%，为3人的占14.5%。

（2）关系类型方面。D村空巢老人中有一部分人是没有借钱支持网络的。其中，在借钱具体化支持上，有9.1%的人无处借钱，而只有1人的借钱规模约占50.0%。由此可见，D村空巢老人借钱网络相对狭小。D村空巢老人实际支持关系类型见表3-14所列。即使有更多借钱支持网络的老人，他们在借钱对象的选择上，按照回答频次来划分，向兄弟姐妹求助的最多，占45.0%；向其他亲戚求助的次之，占30.0%；向朋友求助的最少，占25.0%。

表3-13 D村空巢老人实际支持网络统计表

变量名称	均值	中位值	众值	标准差	最小值	最大值
借钱支持网络	1.47	1	1	0.857	0	3
重活帮助支持网络	2.41	2	2	0.809	1	4
借物支持网络	1.6	2	1	0.655	1	3
病期照顾支持网络	1.65	2	2	0.551	1	3
网络规模	0	1	2	3	4	合计（%）

（续表）

变量名称	均值	中位值	众值	标准差	最小值	最大值
借钱支持网络	9.1	49.1	27.3	14.5		100.0
重活帮助支持网络		12.7	40.0	40.0	7.3	100.0
借物支持网络		49.1	41.8	9.1		100.0
病期照顾支持网络		38.2	58.2	3.6		100.0

2. 重活帮助支持

（1）网络规模方面。D村空巢老人重活帮助支持网络的集中趋势为：均值是2.41，众值是2，中位值是2；离散指标值为：最小值是1，最大值是4，标准差是0.809。其中，网络规模为1人的占12.7%，为2人的占40.0%，为3人的占40.0%，为4人的占7.3%。

（2）关系类型方面。重活帮助支持相较于借钱支持，规模稍大一些。D村空巢老人在寻求帮助对象时，按照回答的频次来划分，向子女求助的最多，占34.3%；其次是向邻居求助，占33.6%；再次是向兄弟姐妹求助，占26.1%；而向其他人（同村人、熟人）求助的只占6.0%。

表3-14 D村空巢老人实际支持关系类型一览表（%）

借钱支持	当子女不在身边，急需用钱时，您一般会向兄弟姐妹求助	45.0
	当子女不在身边，急需用钱时，您一般会向其他亲戚求助	30.0
	当子女不在身边，急需用钱时，您一般会向朋友求助	25.0
借物支持	当您需要借油盐酱醋之类日常用品或者需要借个农具时，您会找兄弟姐妹借	37.7
	当您需要借油盐酱醋之类日常用品或者需要借个农具时，您会找邻居借	49.4
	当您需要借油盐酱醋之类日常用品或者需要借个农具时，您会找其他人借	12.9

（续表）

重活帮助	当家中有些农活需要别人帮忙，您会向子女求助	34.3
	当家中有些农活需要别人帮忙，您会向兄弟姐妹求助	26.1
	当家中有些农活需要别人帮忙，您会向邻居求助	33.6
	当家中有些农活需要别人帮忙，您会向其他人求助	6.0
病期照顾	当您得了病需卧床休息时，您会找配偶来照顾您或做家务	53.2
	当您得了病需卧床休息时，您会找孙子女来照顾您或做家务	34.8
	当您得了病需卧床休息时，您会找兄弟姐妹来照顾您或做家务	12.0

3. 借物支持

（1）网络规模方面。D 村空巢老人借物支持网络的集中趋势为：均值是1.6，众值是1，中位值是2；离散指标值为：最小值是1，最大值是3，标准差是0.655。其中，网络规模为1人的占 49.1%，为2人的占 41.8%，为3人的占 9.1%。

（2）关系类型方面。空巢老人在留守农村的过程中，选择外在借物支持的对象，按照回答的频次来划分，向邻居求助的最多，占 49.4%；其次是向兄弟姐妹求助，占 37.7%；向其他人（同村人、熟人）求助的占 12.9%。

4. 病期照顾支持

（1）网络规模方面。D 村空巢老人病期照顾支持网络的集中趋势为：均值是1.65，众值是2，中位值是2；离散指标值为：最小值是1，最大值是3，标准差是0.551。其中，网络规模为1人的占 38.2%，为2人的占 58.2%，为3人的占 3.6%。

（2）关系类型方面。病期照顾的主要角色关系类型，按照回答的频次来划分，配偶照顾的最多，占 53.2%；其次是孙子女照顾，占 34.8%；由兄弟姐妹照顾的只占 12.0%。

限于篇幅，我们只从网络平均规模入手，大致分析了其中几个能够体现农村空巢老人实际支持网络状况的统计值。表 3-13 和表 3-14 中的数据反映了农村空巢老人实际支持网络整体情况，集中趋势表现为：均值总体相差不大；众值即出现频率的极值最高为2、最低为1；中位值即处于数列中间的极值最大为 2、最小为 1；离散指标值最小为 0、最大为 4；标准差最小为 0.551、最大为 0.857。针对具体数据分析可见，虽然实际支持网络规模离散指标值相差较大，但是标准差之间区别不大，且数值较小，实际支持网络总体均衡，没有较大的起伏。

如上文所述，农村空巢老人实际支持网络呈现出的特点是空间的狭窄和欠缺。在这有限的空间里，谁又会是他们寻求支持的主要对象呢？这些网络成员和研究对象的关系又是怎样的呢？笔者在进一步的分析中发现，他们实际支持网络中的关系类型多集中于子女、兄弟姐妹、朋友、邻居和孙子女等几类群体，在具体分布上也表现出明显的倾向性：在借钱时主要是向兄弟姐妹寻求帮助，在重活帮助方面主要是向子女和就近的邻居寻求帮助，在需要借物时主要是向邻居求助，在生病照顾过程中配偶发挥的作用最大。

在 2020 年代 F 新型社区实地调研的过程中，笔者针对农村空巢老人借钱、借物、重活帮助以及病期照顾的人群选择与网络规模，并没有在具体数字上予以探究，只是就其社会支持网络的基本状况进行了问询与访谈，主要是通过访谈资料和观察资料进行网络规模验证。其中，在借钱支持上，其网络规模与人群范围基本界定为家人与子女，而向兄弟姐妹与亲戚朋友借钱的，相较于以前偏少。除非发生诸如到城里购买房屋、子女结婚等巨额资金支出的大事上，需要请兄弟姐妹、亲戚朋友援助一下。在借物支持上，由于居住在新型社区里，邻里之间多数都不太熟悉，因此借物支持很少发生。在重活帮助上，既往时期主要集中于农活支持。现今在土地流转之后，农活几乎不需要每个家庭单独操作，而是由承包老板采用机械化作业，也不再出现农村空巢老人重活帮助支持之类的现象。在病期照顾上，基于传统家庭原则以及风俗约制，其网络规模与人群选择变化不大，仍然多呈现为配偶与子女照顾。

（二）农村空巢老人实际支持状况分析

为了更为直接地了解农村空巢老人实际支持状况，笔者采用了深度访谈的方式进行素描式建构。

1. 借钱支持：亲缘效应得到彰显

翻阅既往 D 村访谈资料，村民 A1 老人将当时农村开支描述得相当清晰。

农村哪不花钱，开个门头不容易呀！农业生产、人情消费、生病等都要从总收成中支出。你说现在"缺白不缺白"，农村人和城里人学，而且学得还快。光出人情费用就和过去不一样，学城里人搞排场。以前谁家有个事到个场只要几十块钱，现在最少都是一百，关系稍微好点的一百都给不掉。我算了一下，一年光出人情就得两三千，再加上现在农资价格涨得厉害，一年收入也就那么多，哪项开支不从里面出。而且农村也不像城里人到月钱就来了，没办法！（D 村 A1，男，67 岁，20101001）

由于传统耕作方式单一，农民思想观念较为保守，因此增收渠道狭小。当留守农村的空巢老人出现手头紧张的状况时，他们借钱的首选对象是兄弟姐妹和其他亲戚，之后才是朋友。

农村借钱没有"十个头"（诚信效应）是借不到的。现在农村没有哪家能余多少钱，有的家有现钱，那也是有安排的。或者要中转，或者要办事用，或者预防有急事的时候好缓缓手。一般人是不借的，除非关系特殊，而且还要看你有没有能力偿还，就是常说的信誉度良好。而像我们这样的家庭，经济条件又不好，每年收成只够维持开支。如果当孩子们外出时，急需用钱，就只得首先向家里兄妹们张口，毕竟是有血缘关系的，好张口些；其次是远房亲戚，再或者找关系要好的朋友。但是不管找谁家借，在张口的时候肯定都要约定多长时间还上，要么等午季，要么等秋季卖粮食时。或者说等孩子们在外务工把钱打回来就还，不然人家是不敢借的。就怕到时还不上，关系闹僵了。（D 村 E1，男，65 岁，20101005）

而在说到农村借钱状况时，另一村民 B1 老人有话要说。

农村钱不好借，人家一要看你有没有偿还能力，二要看关系好坏，三要看你可厚道。不然人家是不会随便借给你的。农村经常会出现很多人家有急事要借钱借不到，只好去借小锥子钱（农村的高利贷），或者去集市上赊账，那也是有利息的。（D 会 B1，男，68 岁，20101001）

乡土社会本来应该是个"熟人、半熟人"社会，具有强烈的内聚性，人们彼此关心，团结一致，亲密无间①，相互之间人际关系富有人情味②。但是，由于近年来城市文化的注入，农村人际关系在某些方面所呈现的"陌生"状态甚至超过了城里人——冷漠、自我。这一方面是由农村居民特有的经济条件决定的，多数家庭也只是刚刚能维持生活；另一方面是因为社会保障政策没有过多关注过庞大的农民群体，他们不得不为自己考虑后路，要时时未雨绸缪。

2. 借物支持：遵循就近原则

既往时期，农村空巢老人的借物对象主要有邻居、兄弟姐妹和其他人（熟人、同村人）。在借物对象选择上，他们是本着就近和方便的原则，首先是向最近的邻居求助，其次是同村的兄弟姐妹，再次是本村的其他人。

农村人基本上不借柴米油盐，这些家里都备着。真正没有了，可以凑合。而说农村人家真要借的就是农具呀什么的！尤其是在特别急需的时候，可以拿来用一下，如板车、水泵、犁、耙等。这一般都是从邻居家里借的，路近，不要跑那么远，用完了回来就顺便还上了。而比较贵重的东西，这不好从邻居家里借，如犁田机等，这就必须向住在本村的弟兄家里借。向其他人家借，人家怕你把它搞坏了。（D村C2，男，65岁，20101006）

农村借小东小西的，一般都好借。有时在田里干活不方便，要挑个水、开个沟呀，要割个草、砍个蒿呀，哪家的农具都能拿来用，如铁锨、锄头、镰刀等。用完了就给人家了。（D村H1，男，64岁，20101006）

3. 重活帮助支持：便利成为首选

在调研访谈中，笔者发现在帮助干一些重活、搬搬抬抬等事务时，留守的空巢老人主要寻求的帮助对象有子女、邻居、兄弟姐妹、其他人等。在选择的标准上，他们考虑较多的还是亲缘关系和就近原则。在运用这些标准时，老人们也是有所选择，根据不同的事情相机而定。例如，重体力活就不好让邻居帮忙，而只有找子女或兄弟姐妹；只有一些搬搬抬抬的事情或日常事务，邻居或熟人碰上了，老人们才好叫他们帮忙。

---

① 郑杭生. 社会学概论新修［M］. 5版. 北京：中国人民大学出版社，2022.

② 蔡禾，张应祥. 城市社会学：理论与视野［M］. 广州：中山大学出版社，2003.

农村重活主要是在午、秋二季，这时候的确需要人手。我的儿子打工的地方不远，就在合肥。农忙时候他们回来集中忙几天，现在好了，栽秧包给专业栽秧团队，收割用收割机，犁田用犁田机。虽然花点钱，那快，几天就大头落地了。只要看看晒晒就行了，有时候家门口弟兄也来帮着搞搞。这样，他们重活干完了，出去也能安心了。不像前几年，栽割二季那可真要命，一忙一二十天。收割的时候赶节气，有时都要从日头出干到月亮落；栽秧的时候，要晚上熬夜起秧，白天起早栽秧，一点捞不到歇脚。一季忙下来，人都累走形了。(D村J1，男，61岁，20101007)

农村搬搬抬抬、重体力活，很大程度上还是要靠自家人，但不凑巧时也需要其他人搭把手。尤其在晒粮抢场、买肥料、卖粮的时候，邻居、熟人碰上了也会帮着干。我讲一个事情，去年有一次，我家晒了一场地稻。上午日头还紧得很，下午忽然间就不行了，云彩黑洞洞上来了，眼看着暴雨就要来了，全家人当时都吓死掉了，那就赶紧收吧。收着收着就丢雨点了。这时候隔壁老张家看见了，全家人一起都来给我们抢，终于没被雨淋掉。还有一次，我在拾掇猪圈，站在梯子上。也不知怎搞的，梯子忽然滑掉了，我扶在屋檐上不能动。隔壁他家小二子看见了，赶紧跑过来给我把梯子撑上了，才没被摔倒。(D村C2，男，65岁，20101006)

由上可见，在农村空巢老人重活帮助网络和借物网络的支持范围里，邻居和其他人（同村人、熟人）占了较大比重。留守农村的空巢老人普遍年龄较大，身体状况不太好，有的还常年有病。因此，他们在借物或干日常家务事情时，需要就近找邻居和同村人帮忙。与此同时，农村总体上还是"熟人、半熟人"社会，很多时候只要不是涉及经济问题或其他敏感问题，他们还是乐意就近帮助邻居的。

4. 病期照顾支持：传统家庭观念的遵循

我国传统的农村养老一直是由家庭来完成的，而子女外出务工的必然结果是老人需要照料时子女的缺位。笔者在调查中发现，农村空巢老人年龄较大，身体状况较差，经常生病的非常多。然而，面对子女常年在外、很少能长时间陪伴左右的特殊情况，老人们的病期照顾又是怎么安排的呢？在他们生病的时候又是谁来照顾他们呢？为什么是这些人而不是其他人呢？通过对访谈资料的深度分析，笔者发现，配偶在农村空巢老人病期照顾网络中占有较大比重，其次是孙子女，偶尔也有兄弟姐妹提供照顾和支持的。在笔者的访谈对象中，D村A2老人家庭就是一个例子。

老伴得上这病，也有几年了。也到很多医院检查过，但医生说这是类风湿，治不好，只能保守治疗。有时下雨天还要人帮着按按，不然就会痛得受不了。我那得手（有空）。农村要去一趟医院也不简单，动不动就得上千块，农村怎么负担起？他妈说"不治算了"。也没有办法，暂时就这样。就一个儿子和儿媳妇，也都出去打工，到深圳去了。他们说那里工资高，一年才回来次把（1—2次），路太远，车票又贵。我理解他们，他们也是想多挣点钱。留下一男一女两个孩子在家，我们帮助照看着。都上学了，也是一笔不小的开支。家里还有几亩田，要经常去搞搞。家里有时烧烧洗洗的顾不上了，孙子们放学回来也帮助做做。不然真忙不开。我有时自己觉得不对劲了，就赶紧跑到村医疗室去搞点药吃吃，真害怕自己倒下了，这个家就散掉了……农村哪家没有活，谁家不是一年到头忙吵吵的。我家弟兄几个都住在本村，相距不远。但是他们谁也没有时间来长期照顾你，帮着你做家务。很多时候都是自己硬撑着，自己干。只有在农活出来的时候，他们才会在你不够人手时给你伸把手。（D村A2，男，64岁，20101001）

A2老人的上述说法，笔者也在村民J2老人那里得到了验证。

农村人最怕生病，不仅要花钱，还耽误活。农村人生病很多都是硬扛着，真到扛不住才去看。一般的都是弄点药吃吃就算了，好在农村人经搞（耐受力强）。你说你生病倒下了，家里家外谁来弄。女人毕竟是妇道人家，忙忙家务还可以，很多事是做不来的。像这种事情只有自己解决，外人是帮不上你忙的。（D村J2，男，69岁，20101007）

而村主任又给我们算了一笔账：

按照现在的市场农资价格，每年光化肥、农药、种子的开支一季度就得上千块，一年午秋二季就得两三千块，这还不算其他看不见的支出。虽然现在政府对于粮食补贴政策是一亩田100多元，但那解决不了根本问题。而农村一年的收入就拿我家做一个例子，毛收入只有一万多一点。每年冬春二季光人情消费就得一两千元；另外还有孩子上学的支出怎么的也得小千把；这样一算下来，剩下的还有多少，也就四千多块钱吧。这就是全家几口人一年的生活费。吃饭也就刚够维持，哪还敢生病、看病。我所知道的我们村大多数人生病时都是先扛着，真到扛不住再说。（D村村主任DF，男，55岁，20101020）

空巢老人的病期照顾主要是由家庭成员来完成的，而且绝大多数是由配偶来完成的。这主要是受到农村传统的家庭观念和伦理道德的影响，外人不便参与其中。这不同于城里人能够花钱请钟点工、请保姆。农村没有这个行业，农民也没有经济能力这么做，因此他们就只有自己将就着生活。

笔者通过调研发现F新型社区空巢老人借钱支持、借物支持、重活帮助支持以及病期照顾支持等方面与D村空巢老人有所差异。到了集中居住区后，由于居住空间压缩，每户居民可活动范围多限于自家内，邻里之间多数是进门即关门，上下楼之间或者同一层楼之间也是交往较少，呈现为"半熟人社会"特点，实际支持关系有所变化。

现在呢，在这里集中居住是很少借用日用品呀、农具呀等。现在都没有田做了，农具也基本上没有了。搬到小区里，住上楼房了，家里就这么大点地方，原有的那些农具基本上都扔掉了。就是不扔掉，你搬过来也没有地方放置呀！听说有的回迁安置房，社区专门在一楼给楼上每家分配一间，专门放置农具，那也挺好的。可以把一些不用的工具放到里面，有些也还不要搬到楼上来，没有地点存放。日用品就更不需要借用了，楼下就是超市，到了那里就买回来了，方便得很。你如果还想着从人家借点，人家认为你是想占便宜，想借不想还。毕竟楼下超市都有，为什么要向别人家张这个口呢！（F新型社区QW，女，75岁，20211229）

同时，土地被集体流转后，每家每户单独性农业生产模式已经失效，因此重活帮助支持基本上不再出现。在病期照顾支持上，D村空巢老人与F新型社区空巢老人相差不大，多数仍然首选配偶与子女，而很少麻烦亲戚、邻居、朋友等其他群体。

老人要是生病就完了。尤其像我们这些农村人，一辈子和土地打交道，没有技术，也没有存款。就只能是一天一天干着，不存在有退休的说法。现在我们老两口身体硬朗，生活能够自理，也还能小打小闹地挣点生活费。一旦生病卧床了，生活就没有现在这样顺利了。你自己不能自理，还需要子女来照顾。当然也只有子女来照顾你，养儿防老就体现在这时候。家里有几个儿子的就得轮换着来，女儿女婿是不能当作任务，只能是客串一下的。因为人家也有上人（父母亲）呀，如果活着，现在也是和我们差不多年纪，也会经常性生病，也需要照顾。我们不能让人家讲话。（F 新型社区 TI，男，71岁，20220102）

家住 F 新型社区的另一位老人，也表达了同样的看法。他认为在农村地区，生病照顾属于家庭内部的事情，范围只能局限于配偶与自家子女之间，尤其是对于配偶的期望值要大于对儿子儿媳的期待。

农村人生病、办理老人身后事情等，不用说，就是儿子的责任。但是日常生病，还是要老伴照顾。你不可能有点小病，就让子女们来回跑。真要生那种大病了，那就几个儿子轮着来照顾。当然肯定会耽误他们外出打工的，但是人老了总要走到这一步。你不可能去想着让兄弟姐妹、亲戚朋友或者隔壁邻居来帮助照顾一下。一是亲戚朋友、兄弟姐妹不像以前都在农村，收割二季结束了就能休息一下，然后走走亲戚，帮着看两天。现在根本不可能，人家能打能动的，都在忙着打零工挣钱呢！二是隔壁邻居以前不可能，现在更不可能了。家门口人以前分散居住在一个小郢子，还比较熟悉；现在住进小区里，彼此都不认得，还怎么张口说这事！（F 新型社区 MZC，男，76 岁，20220102）

二、农村空巢老人与情感支持

总体而言，农村空巢老人实际支持状况不尽如人意，现状堪忧。尤其到了集中居住区后，其实际支持也产生了新的变量。那么，他们的情感支持状况又是怎样的呢？情感支持是指为空巢老人提供精神帮助和感情宣泄的支持行为，具体可分解为重要决定支持、解决家庭矛盾支持、心情抑郁倾诉支持等方面。

(一) 农村空巢老人情感支持境况

1. 重要决定支持

(1) 网络规模方面。D村空巢老人情感支持网络统计见表3-15所列。D村空巢老人重要决定支持网络的集中趋势为：均值是1.67，众值是2，中位值是2；离散指标值为：最小值是1，最大值是2，标准差是0.473。其中，网络规模为1人的占32.7%，为2人的占67.3%。

(2) 关系类型方面。D村空巢老人情感支持关系类型见表3-16所列。空巢老人在留守的日子里，当遇到重要事情需要做决定时，按照回答的频次来划分，其找子女商量的占56.0%，找配偶商量的占44.0%。

2. 解决家庭矛盾支持

(1) 网络规模方面。D村空巢老人解决家庭矛盾支持网络的集中趋势为：均值是1.14，众值是1，中位值是1；离散指标值为：最小值是1，最大值是2，标准差是0.355。其中，网络规模为1人的占85.5%，为2人的占14.5%。

表3-15 D村空巢老人情感支持网络统计表

变量名称	均值	中位值	众值	标准差	最小值	最大值
重要决定支持网络	1.67	2	2	0.473	1	2
家庭矛盾解决网络	1.14	1	1	0.355	1	2
心情抑郁倾诉网络	1.67	2	1	0.746	1	3
网络规模	0	1	2	3	4	合计（%）
重要决定支持网络		32.7	67.3			100.0
家庭矛盾解决网络		85.5	14.5			100.0

（续表）

变量名称	均值	中位值	众值	标准差	最小值	最大值
心情抑郁 倾诉网络		49.1	34.5	16.4		100.0

（2）关系类型方面。当空巢老人和家人发生矛盾时，选择外在支持的角色类型按照回答的频次来划分，向兄弟姐妹求助的最多，占 50.8%；向其他亲戚求助的次之，占 49.2%。

3. 心情抑郁倾诉支持

（1）网络规模方面。D 村空巢老人心情抑郁倾诉网络的集中趋势为：均值是 1.67，众值是 1，中位值是 2；离散指标值为：最小值是 1，最大值是 3，标准差是 0.746。其中，网络规模为 1 人的占 49.1%，为 2 人的占 34.5%，为 3 人的占 16.4%。

（2）关系类型方面。当需要宣泄感情、寻找倾诉对象时，按照回答的频次来划分，空巢老人向配偶倾诉的最多，占 46.8%；向子女倾诉的次之，占 28.7%；而向朋友倾诉的只占 24.5%。

根据研究需要，笔者仍从网络平均规模入手，简要分析其中几个能够体现农村空巢老人情感支持网络状况的统计值。这组数据的集中趋势表现为：均值总体仍然较为接近；众值即出现频率的极值最高为 2、最低为 1；中位值即处于数列中间的极值最大为 2、最小为 1；离散指标值最小为 1、最大为 3，标准差最小为 0.355、最大为 0.746。从数据分析可知，虽然情感支持网络规模离散指标值相差较大，但是标准差数值较小，数值之间差别不大。

从总体上来看，农村空巢老人的情感支持网络还是被限定在较小的范围内。介于农村特有的乡土社会性质，空巢老人情感支持网络在这狭小的场域内会根据不同情况而有所区别。例如，老人们在做重大决定和在解决家庭矛盾时的关系类型选择都是比较谨慎和小心的，前者主要是同子女进行商量，后者可以找兄弟姐妹和其他亲戚来帮助解决。

表 3-16　D 村空巢老人情感支持关系类型一览表（%）

重要决定	当在生活中遇到一件很重要的事情，需要您作出决定，您会找子女商量	56.0
	当在生活中遇到一件很重要的事情，需要您作出决定，您会找配偶商量	44.0
家庭矛盾	当您与配偶或子女发生矛盾，而又无法与其讨论解决，您会找兄弟姐妹来谈这些问题或来帮助解决	50.8
	当您与配偶或子女发生矛盾，而又无法与其讨论解决，您会找其他亲戚来谈这些问题或来帮助解决	49.2
心情抑郁倾诉	当您心情不好或者抑郁时，想找人谈谈，您会找子女来谈	28.7
	当您心情不好或者抑郁时，想找人谈谈，您会找配偶来谈	46.8
	当您心情不好或者抑郁时，想找人谈谈，您会找朋友来谈	24.5

在 F 新型社区，笔者就农村空巢老人做重要决定、发生家庭矛盾以及心情抑郁时向谁倾诉等问题进行调研，结果与在 2010 年代 D 村调研时变化不大。老人们做重要决定时主要依赖配偶尤其是子女的认同与支持，发生家庭矛盾时多数选择自己消化或者默默妥协，像以前选择由公亲出面予以协调的逐渐减少。当心情抑郁或者情绪不好时，老人们也是多数选择自己消化，或者和配偶说道说道；选择向子女倾诉或者与亲戚朋友谈心的越来越少。

农村人的交往范围就只有这么一点大，你别看家门口人都是熟人熟事的。真要遇到这些情感问题还不好找人商量，所以你能寻找的范围就比较有限，多数都限于配偶与子女。其他人基本上不指望，也指望不上，也不能指望。情感上的问题毕竟是内心思想，是比较敏感的。一般情况下都不想让外人知道，防止别人笑话。毕竟农村范围有限，稍微叙叙都能续上家门关系，因为这些事情折了面子，不划算！（F 新型社区 DY，男，72 岁，20210503）

通过对情感支持网络整体状况的仔细观察分析，无论是往昔时期还是现今时代，笔者发现农村空巢老人的情感支持状况不佳，体现为网络规模的狭窄和欠缺。在这有限的空间里，谁又会是他们寻求支持的主要对象呢？这些网络成员和研究对象的关系又是怎样的呢？笔者通过进一步分析发现，他们情感支持的网络关系类型多集中在子女、配偶、兄弟姐妹、朋友、其他亲戚等几类群体。具体分布也呈现了较为明显的倾向性，即在做重大决定时主要是向子女寻求帮助，在解决家庭矛盾方面主要是向兄弟姐妹和其他亲戚求助，在心情抑郁时主要是向配偶倾诉。由此可知，在农村特有的村落文化和礼俗约制中，农村空巢老人在选择支持对象时，仍然在很大程度上基于血缘和亲缘的考虑。

（二）农村空巢老人情感支持状况分析

随着研究的深入，笔者认为有必要为农村空巢老人的情感支持现状提供一个素描，以全面体现他们留守生活的艰难和无助。

1. 重要决定支持：我的事情我"做主"

据调查可知，农村空巢老人在遇到重要事件时首先想到的是和子女进行商量，其次才是配偶，而不会和其他亲戚或邻居、朋友商议。按照当地通俗的一个说法，"人家可有时间管你家这些闲事"。

在农村一般也没有什么大事，主要就是持家过日子。如果说真要有什么需要商议的，就是要买个农具呀、村里安排事情可合理呀、要集资呀等，我一般都打电话和孩子们商议一下。去年乡里和村里来收农村合作医疗保险费用，虽然是不多，但我还是打电话给儿子，问问可能搞，可是白浪费钱。因为他们毕竟年轻，脑子来得快。在外面跑这么多年，见识要多一些，考虑问题也要周全一些。另外还有就是他们都是自家人，考虑问题角度是从自家出发的。有时我遇到其他一些事情，如谁家有事人情费用出多少、农业生产怎么安排呀等像这一类事情，我也会和老伴商议一下。但那只是做做样子，大主意还得我拿。因为老伴毕竟和我差不多，她的见识也没那么大。有些小事情老是打电话给孩子们，也要电话费。（D村N1，男，65岁，20101012）

我家两个儿子和儿媳妇都出去打工了，不过去的地方也不远，就在南京。一个儿子在做装潢，另一个儿子在做瓦工，儿媳妇都在饭店内打工。由于离家比较近，他们一般在午秋二季收种时回来集中忙几天。每个儿子都有一个孩子，老大的孩子已经上小学二年级了，老小的还在上学前班，我平时在家里就帮着他们照料孩子和搞搞田间日常管理。他们也曾经想着把孩子接到身边去上学，但是城里上学太贵了。听说没有城里户口，一个学期都要交赞助费好几千呢！暂时也只能这样先凑合着。好在我们老两口身体还硬朗，还能干得动。等干不动再说吧！（D村B1，男，68岁，20101001）

在F新型社区调研过程中，多数老人也是持此看法。他们认为凡是重大事件，都是自己家庭开会后决定，而不会去寻找其他人的帮助，或者询问其他人的观点。毕竟自己的事情自己最清楚，别人给予的意见也不一定合乎你的心意。

农村人家最重要的事情当然是孩子上学、子女成家等，这个属于大事。其他的我看不出还有什么需要家人一起商量的。以前就是这几样，现在还要包括在城里买房、在哪里买房等，这个属于大事。当然买房这个事情，多数都是孩子们说，我们听一下。你也不能给他多少资金支持，所以只有他们自己做主。对于我们老两口来说，最重要的事情就是把身体搞好，正常能够出去干工，不给子女拖累。其他的都是小事，我们老两口自己商议着就能办。（F新型社区TL，男，71岁，20220503）

2. 解决家庭矛盾支持：公亲的作用

在农村，常有的家庭矛盾很多时候是和他们的思想观念、人文素质相关的。空巢老人们当和子女、配偶因为什么事情而意见不一致时，也会闹别扭。他们一般就会和朋友、亲戚一起讲讲，也会找农村的老公亲来调解一下。

我讲一个事啊！我家三个儿子，结婚成家都分开另住了。目前我和老伴另住，他们打养赡（每年固定的粮食、资金供给）。去年几个儿子们都出去打工了，留下媳妇在家带小孩。有时老小媳妇家里忙不开了，我们看见了就去伸把手。老大、老二家里的就都不高兴。讲我和他妈偏爱小的，不给他们伸手。可老小的家里不是特殊情况，小孩不是小些吗？他们就不愿意，天天在背后捣我们老两口空（说闲话）。你讲像这种事情在农村是常有，也不能和隔壁邻居讲。只能和老公亲讲，请他们给讲讲、评评理。（D村C2，男，65岁，20101003）

F新型社区空巢老人在解决家庭矛盾时，多数不再选择公亲的支持。除非特殊情况，需要邀请孩子舅舅、姑姑这些公亲到场予以说道说道，其他事情上都是自己家庭内部解决，或者让时间慢慢消逝。

现在亲戚都在忙着，你像孩子他舅、他姑他们，都是一大家人。哪有那么多时间来考虑你家的鸡毛蒜皮小事情，也没有时间来进行陪衬。所以说，现在孩子在外打工或者因为其他因素，而对老人尽孝不够的，或者不听话不能很好照顾老人的，都是老人自己慢慢熬。真要没有办法、熬不过去的时候，才会让公亲上场。都很忙，各家有各家的烦心事，也没有精力消耗在别人家的事情上。同样，我们也是别人家的公亲，也是有着这样的想法。现在公亲不好当，说公道话总会得罪人。所以换位思考，我们多数时候就不愿意去麻烦他们。虽然都是知己亲戚，但道理是这个道理。（F 新型社区 QT，男，78 岁，20221003）

3. 心情抑郁倾诉支持：默默消化的无奈选择

农村空巢老人一般情况下没有什么心情好坏的概念，按照他们的说法，"一年到头忙死掉了，哪有空去想心情好不好。"偶尔有之，他们心情抑郁时倾诉的首选对象是配偶，因为整天生活在一块；其次才是子女，但那也是在和他们打电话时顺便提一下。很多时候，老人们都是自己消化，寻找解脱的借口或理由。

像我们这个年纪，一般什么事都能看得开。要说有心情不好的时候，一般是年成歉收，或者粮食、牲口卖便宜了，或者是和本村人在田里放水、过水，可能会产生一些不愉快。但那个时间也很短，回来和老伴讲一下，也就过去了。农村人没有时间天天去怄气，忙都忙死掉了。只有和人家吵嘴了，或者和老伴怄气了，才会和子女、关系要好的朋友讲讲。一般情况我不愿意对孩子们讲，他们在外面也不容易，不好让他们分心。即使你讲了，他们也只会安慰你一下。很多时候都是自己消化，自己安慰自己。（D 村 K1，男，69 岁，20101007）

有次，我家里有只生蛋老母鸡不见了，找了几圈都没找到，肯定是给哪家偷去杀吃掉了。来家后我难过了几天，和我家老头讲，他讲掉了就算了。再难过也不会回来了，农村有的人就是嘴坏、好吃。（D 村 L1，女，64 岁，20101009）

由上可见，在对 D 村空巢老人情感支持网络以及实证分析中，其重要决定、家庭矛盾以及情绪宣泄等问题的解决方式上，在 F 新型社区里仍然能够清晰地看到其延续性与继承性。家庭重要决定、矛盾解决与个体心情抑郁时所寻求的倾诉对象，多数时候就在他们所言的自己人范围内。

现在你不要看我们都住在一个小区里，以为就是城里人了，不是那样的。在这样的回迁安置小区里，基本上都是附近农村的人家，风俗习惯基本都一样。你像家里大事小情的，家庭矛盾之类的，都是在有限范围内解决，并不会凡事都上纲上线或者动用司法力量。农村人还是习惯于采用农村人的办法，尤其注重人情与面子。（F 新型社区 SD，男，71 岁，20211002）

受到农村特有的风俗习惯和礼俗约制，农村空巢老人在遇到情感等社会支持问题时，无从选择、无法选择，这也决定了他们情感支持对象广度的狭窄和规模的狭小。"家丑不可外扬""好事不出门，坏事传千里"的传统文化认知，时刻印刻在他们既往或者现在的日常实践上。

三、农村空巢老人与社交支持

农村空巢老人实际支持和情感支持状况，在前文中已较为真实地得以呈现。而在对上述两个支持状况的描述和分析中，空巢老人留守乡村的无奈和社会支持的不足正时刻侵扰着他们的晚年生活。那么，他们的社交支持状况会不会有所改变或不同呢？笔者接下来将会做进一步探究。社交支持是指向空巢老人提供的日常交往与外出陪伴等支持行为，具体可分解为外出陪伴支持、串门聊天支持、农村防偷盗支持等方面。

（一）农村空巢老人社交支持境况

1. 外出陪伴支持

（1）网络规模方面。D 村空巢老人社交支持网络统计见表 3-17 所列。D 村空巢老人外出陪伴支持网络的集中趋势为：均值是 0.18，众值是 0，中位值是 0；离散指标值为：最小值 0，最大值 1，标准差是 0.389。其中，网络规模为 0 人的占 81.8%，网络规模为 1 人的占 18.2%。

（2）关系类型方面。农村空巢老人外出，很多时候是独来独往。他们外出独行比例占到总体的 81.8%，而有人陪伴比例仅有 18.2%。D 村空巢老人社交支持关系类型见表 3-18 所列。在外出陪伴选择上，按照回答的频次来划分，和兄弟姐妹一起外出的老人最多，占 70.0%；和邻居一起外出的只占 30.0%。

2. 串门聊天支持

（1）网络规模方面。农村空巢老人串门聊天支持网络的集中趋势为：均值是 1.36，众值是 1，中位值是 1；离散指标值为：最小值是 1，最大值是 2，标准差是 0.485。其中，网络规模为 1 人的占 63.6%，为 2 人的占 36.4%。

（2）关系类型方面。空巢老人外出串门聊天，按照回答的频次来划分，到邻居家串门的最多，占 51.3%；到兄弟姐妹家串门的次之，占 39.5%；到其他人（同村人、熟人）家里串门的占 9.2%。

表 3-17 D 村空巢老人社交支持网络统计表

变量名称	均值	中位值	众值	标准差	最小值	最大值
外出陪伴支持网络	0.18	0	0	0.389	0	1
串门聊天支持网络	1.36	1	1	0.485	1	2
农村防偷盗支持网络	1.50	2	2	0.504	1	2
网络规模	0	1	2	3	4	合计（%）
外出陪伴支持网络	81.8	18.2				100.0
串门聊天支持网络		63.6	36.4			100.0
农村防偷盗支持网络		49.1	50.9			100.0

3. 农村防偷盗支持

（1）网络规模方面。农村空巢老人防偷盗支持网络的集中趋势为：均值是 1.50，众值是 2，中位值是 2；离散指标值为：最小值是 1，最大值是 2，标准差是 0.504。其中，网络规模为 1 人的占 49.1%，网络规模为 2 人的占 50.9%。

（2）关系类型方面。按照回答的频次来划分，当发生偷盗等问题时，他们首先会向兄弟姐妹求助，比例也最高，占 58.5%；向邻居求助的次之，占

23.2％；向村组干部求助的最少，占 18.3％。

表 3-18　D村空巢老人社交支持关系类型一览表（％）

外出陪伴	您常和邻居一起外出，如赶集（会）、逛商店、看戏等	30.0
	您常和兄弟姐妹一起外出，如赶集（会）、逛商店、看戏等	70.0
串门聊天	您一般会经常到邻居家串门或者和邻居一起聊天	51.3
	您一般会经常到兄弟姐妹家串门或者和兄弟姐妹一起聊天	39.5
	您一般会经常到其他人家串门或者和其他人一起聊天	9.2
防偷盗支持	当您在家里遇到偷盗等治安问题时，您一般会向邻居求助	23.2
	当您在家里遇到偷盗等治安问题时，您一般会向兄弟姐妹求助	58.5
	当您在家里遇到偷盗等治安问题时，您一般会向村组干部求助	18.3

　　在社交支持状况研究中笔者依然从网络平均规模入手，通过一系列数据分析 D 村空巢老人社交支持的总体状况。这组数据的集中趋势表现为：均值总体相差较大，众值即出现频率的极值最高为 2、最低为 1；中位值即处于数列中间的极值最大为 2、最小为 0；离散指标值最小为 0、最大为 2，标准差最小为 0.389、最大为 0.504。从数据分析可知，虽然社交支持网络规模离散指标值相差较大，但是标准差数值较小，数值之间差别不大。从总体上来看，农村空巢老人的社交支持网络还是被限定在较小的范围内。介于农村特有的乡土社会性质和经济人文环境，空巢老人社交支持网络在这狭小的场域内会根据不同情况而有所区别。例如，老人们在外出时多数是来去匆匆，忙忙碌碌；而在面对串门聊天和防偷盗等问题时，不得已还得向邻居、兄弟姐妹、村组干部寻求支持。

　　在 F 新型社区，农村空巢老人社交支持又会呈现出怎样的一种状况呢？笔者经过调研发现，农村空巢老人在新型农村社区的社会交往方面仍然存在诸多问题。外出陪伴、串门聊天、防偷盗等支持类型基本上趋于消解，其网络规模自然也会随之消失。他们的主要社交模式多数转变为线上的视频聊天以及线下的见面提前预约。值得注意的是，随着数字下乡和网络社会的崛起，农村社会生发出了新型诈骗手段，如电信诈骗、网络诈骗等，均影响着农村空巢老人的社会支持样态。

过去农村集镇上，一到逢年过节的，小偷到处都是。你要是稍不注意，上街去买东西，不知道什么时候钱包就被小偷摸走了。我就被偷过好几回。不是你注意不注意的问题，而是真的防不胜防。你在买东西付钱，拿出钱包数钱的时候，也许旁边就有小偷在，然后就跟着你了。你都不知道他什么候下手的，等你到下一家买东西要付钱的，发现钱包已经不在了。你只有自认倒霉。即使知道哪些人是小偷，你也不敢声张，防止他们报复。那时候我们到城里坐公交，或者坐火车出去，到哪一个站点，就有那个乘警过来提醒，要注意自己的钱包，看管好自己的贵重物品。现在好多了，都是移动支付，网上来去的，你就是偷去手机，没有密码也不能支付。但是他们又有新的搞钱手段。小区公告栏里、电梯里不是都常贴着吗：防止电信诈骗、网络诈骗等。（F 新型社区 PY，男，75 岁，20221005）

（二）农村空巢老人社交支持状况分析

现状素描是对农村空巢老人社会支持总体状况的补充和应对。通过上述几个方面的描述和分析，我们已经较为真切地感知农村空巢老人留守乡村的基本境遇。接下来，笔者将从整体上呈现其留守过程中的社交支持原貌。

1. 外出陪伴支持：自来自往，行色匆匆

按照国家政策，农村实行家庭联产承包责任制。这一方面有助于提高农民种粮的积极性，但另一方面也不利于农户开展互助合作。农村空巢老人外出基本上是独来独往，只有极少部分是和邻居、兄弟姐妹外出。

外出上集碰到，那多数都是巧遇，而很少有主动联系外出的。除非有特殊情况，如到村部去开会，或村民组长通知到他家去研究事情，可能有约好一起去的。平时一般都是自由来去。谁家搞什么事情，不要和其他人家商议，都是"自扫门前雪"。你看我们每天生活都安排得满满的，有多一点时间，总想着到田里去看看。毕竟"庄稼不惠懒人"。每到晚上都是腰酸背疼的，尤其这几年更明显，可能是年龄到了。岁月不饶人哪！（D 村 B2，男，65 岁，20101001）

现在农村一年到头都忙得不行，哪有时间外出。有时候赶集都是自己走

自己的，谁也没有时间等其他人。你说看戏、看电影，没人去，也没有时间去。我有时赶集去买点日用品和农业生产用品，都是自己一个人来往。有时老伴也跟着，帮助提点东西。我年纪大了，走得慢，走一阵还要歇一下。我们村到集市不近，我要走一个多小时。别人谁愿意陪你？（D 村 M1，男，62岁，20101012）

在 F 新型社区，农村空巢老人的社交支持现状则是对当下现实的另一种反映。随着时势变迁，他们整天忙于在附近地区干工挣钱，外出陪伴主要体现为他们一起去某个老板那里打工。

我讲一个事呀，现在我们这些经常在一起打工的，倒是走得较近。都留的有电话号码，哪个老板找人干活，联系到一个人，就能找到其他人。农村好多都是人托人找到的，不像孩子们一起有个什么群，有事在群里喊一声就可以了。我们老年人搞不来，就是打电话通知。基本上都是比较能够谈得来的，才能在一起共事，也不能太计较。小心眼的、太计较的，都处不到一起，也没有人带你一起干。所以你讲外出，除非干工要一起走，尽量一起到，时间上把握好，老板也愿意看到这种现象。其他事情或者自己私事外出，基本上还是独来独往的，也不便于和别人约到一起。（F 新型社区 SD，男，71岁，20211002）

2. 串门聊天支持：忙里偷闲的娱乐

农村空巢老人一般是没有时间串门聊天的，他们不仅要承受农活的重担，还要忍受精神上的孤独。他们总想着有点时间去把农业生产搞好，因此聊天网络仅限于隔壁邻居和同村的兄弟姐妹，也有遇到同村的熟人聊聊农业生产、农业收成等基本情况的。

农村人是没有固定休闲时间的，也不会安排一段时间去和别人聊天。和人家没的讲。除非讲讲农业生产、农时安排、拉拉家常。也不能深叙。我主要是在吃过中饭就近去隔壁坐坐，但也不会坐时间长，也不会天天去。去长了、坐久了，人家就厌了。有时也到其他兄弟家去坐坐，那主要是在晚上。主要是讲讲最近亲戚都有些什么新鲜的事情；或者商量到亲戚家里去出人情，或者讲讲家门事情，那是必须去的。（D 村 N1，男，65岁，20101012）

我们在田里干活，有时也和田连在一起的熟人边干活边闲聊。主要就是讲讲最近国家的事情或者村里的事情，或者庄稼长势和农业收成等无关紧要的事情，就是打发时间。（D村D1，男，63岁，20101003）

到了2020年代，相较于2010年代，其聊天支持网络规模更加狭小，已经从过去的隔壁邻居、兄弟姐妹、同村熟人转变为仅限于家庭成员之间的人际交往范围。网络规模也是从以前的1和2的状态逐渐趋于0的状态。

我们在过去，还有串门呀、走亲戚呀，或者到田里干活遇见了，聊一会的。那时候都是当面锣、对面鼓的闲聊，是在一起抽根烟就能聊半小时的那种关系。现在你再看看。不要讲一个小区的邻居，就是亲兄弟姐妹，也是很少当面聊天的，多数都是打视频、打电话，简单聊个几分钟就挂断了。一是的确没有时间，另一是需要电话费。所以多数时候，家庭聊天范围只是老一套。子女都是平时很少回来的，多数也是打电话。反正经常联系的就是这些人。（F新型社区QW，男，75岁，20211009）

3. 农村防偷盗支持：看好自家门

农村空巢老人由于年龄、体力原因，容易成为犯罪分子关注的目标；而有的老人自身防范意识薄弱，经常丢三落四；加之多年生活在乡土社会中的"熟人[①]"情结，他们认为都是乡里乡亲的，哪有那么多规矩，有时出去也忘了锁门，致使犯罪分子有可乘之机，农村社会治安恶化。

我家去年就丢失了好几样东西。农村冬天时喜欢腌制点咸货（咸鸡、咸鸭、咸鹅、香肠、咸肉、咸鱼等），等过年时再吃。还没等晒好呢，就在大白天给人拎去了一大半。为此，我老伴心痛了好多天。另外，去年夏天我们在家里午睡时，起来却发现放在门口的几袋苞谷不见了。本想着都是家门口人，平时也就没有太防备。嗨，农村现在乱咯！大白天小偷都敢作乱。（D村A2，男，64岁，20101001）

按照杨国枢的观点，中国人将人分为家人、熟人、生人，家人关系讲

---

① 费孝通. 乡土中国：生育制度 [M]. 北京：北京大学出版社，1998.

的是责任，熟人讲的是人情，生人则遵循着利害关系的原则①。在传统农村社会，尤其是在空巢老人的思想观念里，当遇到重大问题时，首先想到的是找家人帮助解决；在家人不在身边或力所不及的情况下，才会去就近找邻居帮助；而只有在解决家庭矛盾和农村偷盗等敏感性问题时，他们才会主动找亲戚帮忙。他们很少第一时间去找村组干部或是找法律部门帮助解决。

如前文所述，2010 年代分散居住而形成的社交支持不足问题在 2020 年代已然被新的社交支持不足问题所替代。在 F 新型社区，进门即关门的生活习惯造就了治安问题自行关注的既有现实。

住在小区有住在小区的好处，到处都是摄像头，门口有保安、有门禁，安全多了。以前我们家在村里住时，就我和另外一户住在那里，一到晚上就要早早地关门闭户了。村庄毕竟人少，又靠近路边，人来人往的，晚上还是不太安全。原来我家养的有鸡，有一次晚上不到十点，就被小偷给摸走了。你明明知道小偷在干，那么大动静，晚上也不能出去，你不知道那些人可是亡命之徒。（F 新型社区 FG，男，75 岁，20220205）

第四节　农村空巢老人社会支持数字化基本样态

笔者依托 2010 年代 D 村调查问卷与现场访谈资料，对那一时期农村空巢老人的生产生活境遇和社会支持样态做一展示，以全面呈现 21 世纪前 10 年中农村空巢老人的社会支持焦点所在。随着时间的推移与空间的延展，2020 年代留守农村的空巢老人生产生活境遇和社会支持样态又将如何？为此，笔者将采用同期群研究策略，借鉴 F 新型社区访谈资料，在农村空巢老人社会支持样态上予以推演，并以此为基础力图全面展示数字化时代农村空巢老人社会支持适应性问题及其形构要素。

---

① 杨国枢. 中国人的社会取向：社会互动的观点 ［J］. 中国社会心理学评论，2005（1）：21—54.

卡斯特在《网络社会的崛起》一书中对网络社会和信息化时代社会结构进行了深度探索，进一步指出"网络构建了我们社会的新社会形态，而网络化逻辑的扩散实质性地改变了生产、经验、权力与文化过程中的操作和结果"[①]。在这里，网络社会理论中的"网络"定位于实体网络，网络空间是广大社会成员立足日常生活世界，利用信息技术开展交往实践的现实社会空间[②]。在这一现实社会空间中，社会生产与日常生活的方方面面都在被数据化改造，数据成为当今社会重要的生产资料[③]。"资本流动、信息流动、技术流动、组织性互动的流动，影像、声音和象征的流动……流动是支配了我们的经济、政治与象征生活之过程的表现"[④]。上述种种，均铺展了网络社会的流动性以及信息时代的数字化表征。基于此，笔者将从经济支持、情感供给、精神娱乐、社会交往等层面对农村空巢老人的生产生活予以阐述。

一、经济支持泛数据化

在数字化时代，数据经济、理性思维等充斥着人们的生活日常，加速社会流动频率。农村空巢老人留守在新型社区里，在感受现代文明带来的便利的同时，尤为怀念过往时期散居村庄的固有生活方式，但是现实生活中充斥着的数字支付与网上交易模式，又令他们不得不面对经济支持泛数据化的转变。

农村老年人识字不多，学习现代科技比较缓慢，也不太适应数字支付。农业各项补贴等收入打入存折上，需要到银行才能看到具体数字，而且操作也不简便。划卡后，有时候都看不清楚数字，没有一张一张现金来得具体、直观。微信、支付宝就更难了。我的智能手机是孩子淘汰的二手机，屏幕磨

① ［美］曼纽尔·卡斯特. 网络社会的崛起［M］. 夏铸九，王志弘，译. 北京：社会科学文献出版社，2001.

② 刘少杰. 网络空间的现实性、实践性与群体性［J］. 学习与探索，2017（2）：37−41＋175.

③ 邵占鹏. 工业互联网作用下的结构与权力变迁——数据作为重要生产资料的视角［J］. 社会学评论，2021，9（5）：85−104.

④ ［美］曼纽尔·卡斯特. 网络社会的崛起［M］. 夏铸九，王志弘，译. 北京：社会科学文献出版社，2001.

损明显，我们就是将就着用。而手机支付那个收付款码，通常我们找不到那个支付界面，需要设定密码或者手势等，时间长了，又担心忘记；设置简单密码，又担心不安全。家里有些蔬菜吃不完，拿到集镇去卖。我就让孩子申请一个纸质版的收款码，一个卡片正面是微信收款码，反面是支付宝收款码，我们到菜市场卖土特产的时候带上。因为现在多数人上街买菜都不带现金，也不担心小偷。他们习惯于手机支付，就是扫码付款。你没有那个码，人家付不了钱，有的人看看就走了，那你的东西就卖不动。（F新型社区ZSW，男，65岁，20211003）

基于电商时代的基本要求以及数字化内容的强势侵入，其中以淘宝、"抖音"等为代表的互联网平台带给农村社会较多的便利。但是由于技术普及的有限性以及适用范围的无差别，其在农村地区体现为不同程度的水土不服，尤其是给农村空巢老人带来了一定的数字化困扰。

老家拆迁后，我们那个村庄的人都被安置到这个小区里，这个还好些。有的村庄拆迁后，一个庄上的人家都被安置到不同小区里，那就更为不习惯了，一抬头都是生人。不像原来家门口都是熟人，乡里乡亲的，有共同话题，也能开得起玩笑。到小区居住，生活上是方便多了，这个有一说一，也是事实。在小区里有各项娱乐设施，有小广场，也有超市。超市里也是多种经营，不仅有生活日用品，也有米面油，还有瓜果蔬菜、冷冻肉制品等，基本上生活所用都能买到。旁边就有社区医院，倒也不要走多远就能看一些感冒发烧等小病。但是现在出门在外，你像日常必用的项目，买东西、坐公交车、看病等到处都要扫码。扫码就要智能手机，我们好些老人都是那种老年手机，没有这些功能，有些时候就搞不起来。即使有的老人有智能手机，也是多数功能搞不起来，今天学会明天就忘了。（F新型社区SW，男，69岁，20211007）

二、情感供给非人格化

通常意义上，乡土社会情感供给的特点主要表现在以血缘为基础、重视亲情、强调人情、具有稳定性和持久性以及受传统文化影响深远等方面，其在亲情互构与家庭关系层面呈现为和谐、欢快的家庭氛围。子女在外出务工期间，为了实现赡养老人和外出挣钱两者之间关系的平衡，他们多在农村老家屋内安装智能监控系统或者定期打电话问候，抑或是在电商平台给老人下单购买日用品等。

现在经济发展了，科技发达了，儿女们外出务工挣钱也比较容易了，收入自然也就高了起来。他们会定期在网上下单，有些平台如谊品到家、美团优选、拼多多、淘宝、京东等，在农村超市均有配送点。菜鸟驿站需要查码、验码、扫码。我们运用得不太熟练，可能还会弄错了。孩子们考虑得都很周到，也会运用现代网络手段认真教学，可是我们这些老人就不太适应，感觉很别扭。（F 新型社区 WSY，女，69 岁，20211007）

子女们逢年过节或者平时偶尔回来照顾、看望，他们的主要设备就是手机。手机随身带着，随时在上面捣鼓着。也不知道是在忙业务，还是忙其他的。你要和他们多唠叨一会儿，想着聊聊天什么的，问问他们在外面的情况呀！毕竟孩子再大，在父母面前仍然是孩子，仍是一种牵挂。虽然明知道他们在外面即使有问题，你也不能帮助解决，但就是忍不住想问问。但是，看他们那样子，没有时间来回应你。通常回应时，也是手不离手机，眼不离屏幕，简单应付两句就结束了。（F 新型社区 XA，女，61 岁，20211003）

如此，人与人虽然面对面坐着，但人与人之间往往又像被一种虚拟的媒介阻隔了。这种仪式性的交流方式并没有给农村空巢老人带来情感上的富有，反而形构出他们精神层面上的供给乏味以及非人格化表征的留守困境。

三、精神娱乐拟同质化

物质生活供给，需要符合特定群体的基本需求，做到针对性供给与实操化赋予。当全体人民共享改革发展带来的物质成果之时，也需要精神层面的日常供应，更需要开展符合他们自身性格与生理特点的文娱活动。居住在新型农村社区的空巢老人们，较传统时期对于土地的依赖性有所降低，他们已然不再需要靠种地谋生，收入日益多元化。相比以前，其在物质供给方面比较富足之后，他们之中除了部分人需要隔代监护孙子女外，多数人有了更多的闲暇时光。因此，这一空巢老人群体必然会生发对于精神生活的向往。新型农村社区老人娱乐方式概览如图 3-2 所示。

现在我们都是居住在楼栋里，和我们以前的生活方式有很多不一样的地方。有些老人来了以后，由于不适应，经常性生病，经常性寂寞。不像我们单独居住那会儿，家家都是敞着门，想到谁家去串门、聊天，都是不介意的。现在每个楼道都差不多的样子，有些老年人记忆力不行了，或者是不敢出门，或者出门后不愿意回来。你就拿现在套房设置的抽水马桶，很多老人都不适应。因为他们分散在村庄居住时，家家都有独立的旱厕，可以聚集农家肥料。他们已经习惯了那样的生活方式，现在贸然住进楼里，不习惯这种上厕所方式。很多老人就专门到外面去找公共厕所。而且现在很奇怪，以前在农村分散居住，即使单门独户住在小郢子，也是白天敞着门。现在倒好，这么多人家在一起居住，个个进家就关门，你想找个人去聊聊，都找不到。（F 新型社区 THJ，男，69 岁，20210909）

图 3-2　新型农村社区老人娱乐方式概览

外面那些健身广场上的设备，倒是齐全。可是多数情况下，老人们也不会用呀！虽然它旁边有文字说明，可是我们农村人也大多识字不全。有的还需要连接蓝牙或者扫码查看，多数时候我们都是看着小孩在那里玩，或者在旁边看着那些设备日晒雨淋，日渐老化。我们还是怀念以前干农活的时候，虽然比现在累多了，但是同样也能锻炼身体。你像有些身体硬朗的，学着跳广场舞也跳不来，就在居住区外边不远的地方种菜。看那样子，精神上倒是快乐得紧呢！（F新型社区THJ，男，69岁，20210825）

在现实情况下，新型农村社区现代化的娱乐设施以及同质化的娱乐安排，并没有给予农村空巢老人精神层面的较多享受，而更多呈现为留守过程中的精神内耗与无聊日常。

我联系这个社区已经有两年多时间了。这个集中居住小区的发展，我都在一定程度上参与了，也知道一些情况。在回迁安置区里，现在有那个民政项目补贴配备的健身设施，还是比较齐全的。你像有些设备，如学名叫太极云手、腰背按摩器、扭腰器，其实就是老人通常所讲的拉杆的、吊环的、压腿的、转腰的等，都有使用说明。基本上不难，很好学。我看有的老人早早晚晚就在那锻炼，动作不标准但是也有作用。你要是讲多样化，就不好操作了。千人千面的，每个人要求都不一样，不可能个个都能满足。反正大多数小区健身设施就是那些，也不是搞专业运动的，也基本上能够满足农村老年人需要的。（S镇联系村干部Z站长，男，38岁，20220709）

新型农村社区健身设施概览如图3-3所示。笔者在实地调研中看到，F新型社区中间一片不大的空地上，简单摆放着几样看似不太完整的健身设施。只有几个孩子在那里不熟练地摆弄着，而独坐一边的家长则远远观望，或者趁机打个小盹。健身器材上的简要说明虽然清晰，但是对于农村空巢老人来说，要想熟练操作，还是需要花费一点时间的。譬如，扭腰器的功能为活动

图3-3　新型农村社区健身设施概览

腰部关节，放松腰背肌肉，增强腰部关节灵活性；使用方法为双脚平衡站在圆形踏板上，双手握紧扶手，左右转动腰下肢体。该器材适合于各类人群。警示语标注为：12 岁以下儿童没有成年人陪同下禁止使用！

四、社会交往超虚拟化

在数字化时代，多数农村空巢老人对于现代科技和智能化产品存在排斥与抵制的心态。网络社会的兴起一方面缩短了人们之间的空间距离，使得人们的交往方式更加多元化；另一方面，视频连线、网络互动等现代化交流方式在数字乡村建设中得到广泛使用。但是，农村空巢老人面对这一新兴的交往方式，他们更多地体现出恐慌与无措。

前段时期出门都要戴口罩。你要是赶个集、上个超市，还要测体温、扫码进入。这些高科技东西，咋会弄？你要是登记身份信息吧，老年人也不会写字，而且眼神也不好，身份证号码也记不住。这样，到哪里都很麻烦，只有待在家里。而且出去一次，需要登记一次，每次都做，太麻烦了。只有待在家里，减少出门机会，社会交往面日渐狭窄了。那段时间，我们连集镇都不愿意去了。慢慢地，人也不愿意出门。有时候，我们想和亲戚朋友联系联系，但是人家都在忙，也不好多打扰。(F 新型社区 LDW，男，68 岁，20211008)

以前住在村庄里，老年人三天两头外出赶集，碰到熟人边走边聊，一路上不知不觉就到了目的地。现在住在新型农村社区里，很多村民组和村庄合并在一起，形成了对面不相识的"生人"社会。亲戚也是多数忙于挣钱，长年不在家，不能实现过往聊天串门的目的。在数字化时代，虚拟交往、线上联系正在成为生活常态，农村空巢老人社会交往困境愈加清晰。

以前在收种结束、农村不忙的时节，我们都会到亲戚家住一段时间，尤其是在午秋二季结束后。那时候是常有的事，我就在小孩他舅家过个十天半月的。现在不行了，小孩他舅比我小 5 岁，这在农村还是主要劳动力。他家小儿子还没有成家，他也还没有交差呢！整天在外干工，什么工都干。反正农村人没有多少技术，有的就是力气，他们也多是出体力活。现在，你要去他家吃顿饭，还要提前打招呼，不然是"铁将军把门"，门锁着没有人在家。

有时候有事情就在电话里简单说两句，也不会有太多时间聊天的。（F 新型社区 DWL，女，68 岁，20211208）

哪个孩子不是父母生养的，谁不想在家尽孝道，给老人养老送终的。但是你们看现在这个状况，社会竞争压力这么大。我家小的还在上高中；老大不念了，在打工，马上就面临结婚成家的问题。结婚谈对象，就要在城里买房子。你在老家的回迁房，人家女方根本看不上。我们就只有攒劲干，多挣钱，力争这两年能够把首付挣齐，然后让小孩按揭。我们也算是向交差（完成子女结婚成家）走近了一步。所以有时候就会忽视了对于老人的关怀，也根本顾不上老人，就是一心想着怎样交差呢！有时候给老人打电话，就简单问个一两句，要是没有什么大事，就挂断电话了。（F 新型社区 DWL 儿子，男，41 岁，20211228）

新型农村社区空巢老人在经济支持、情感供给、精神娱乐、社会交往等方面的诸多困境，体现在数字化时代里，多表现为不方便、不适应，他们仍然保持着对于传统生活方式和既有行为习惯的怀念。社会的发展进步逼迫着农村空巢老人被动接受与仓促应对。

小　结

综上所述，笔者针对 2010 年代与 2020 年代两个不同时点，在对 D 村、F 新型社区农村空巢老人总体生存现状和社会支持类别化描述的基础上，从历时态和行动逻辑上呈现出农村空巢老人晚年生活的基本景象。老人们的留守生活经济状况较差，娱乐方式较单一，医疗状况堪忧，隔代化监护负担较重。在面对诸多问题时，介于多种外在条件的约制，可供他们选择的支持网络和关系类型数量有限。经济支持泛数据化、情感供给非人格化、精神娱乐拟同质化、社会交往超虚拟化等基本事实，在既往留守农村社会支持不足的基础上，给空巢老人增添了新的社会支持困境，共同构成这一群体留守农村社会支持较为单薄的真实场景。

第四章　农村空巢老人社会支持影响因素分析

　　农村空巢老人在留守农村的生产生活中遇到的问题很多，他们的社会支持影响因素也各有差异。这些因素对空巢老人晚年生活影响的深度是不同的，对于空巢老人社会支持影响是交叉和多向的。而在开展实际支持、情感支持、社交支持的过程中，笔者发现其大多归类为个体层面、社会层面、政策层面的供应不足，进而直接导致农村空巢老人社会支持困境频发。

第一节　农村空巢老人社会支持影响因素类型化分析

　　农村空巢老人留守乡村日常生产生活中的晚景现状已在上文中得以呈现。而在探究形成这一现状及空巢老人晚年社会支持的影响因素时，笔者依据上文分类，从实际支持、情感支持和社会交往支持等几个方面予以阐释和解读。

一、农村空巢老人实际支持影响因素

　　哪些因素是影响空巢老人实际支持的主要因素呢？研究发现主要集中在以下 3 个方面：一是实际支持受空巢老人自身人口学特征所影响，如身体机能、病期照顾、就近借物等；二是实际支持受空巢老人本身经济状况所影响，如借钱、借物，帮助干重活等；三是实际支持受传统家庭观念所影响，如病期照顾等方面。

（一）农村空巢老人个体人口学特征

　　在 2010 年代所调查的老年人群中，D 村男性占 58.2%，女性占 41.8%；

60—69 岁占 81.8％，70—79 岁的占 18.2％；身体一般和体弱的老人占 67.3％，身体很好或不好的只占 23.6％和 9.1％。在 2020 年代的调研中，F 新型社区空巢家庭中 60 岁以上老龄人为 647 人。其中，男性 385 人，占 59.5％；女性 262 人，占 40.5％；60—69 岁的有 509 人，占 78.7％；70—79 岁的有 109 人，占 16.8％；80 岁以上的有 29 人，占 4.5％。由此可知，年龄 较大，身体状况普遍不好，是这一群体的显著特征。在日常生活中，当遇到 突发性疾病和借用一般农具等实际问题时，他们多向邻居求助。"远亲不如近 邻""远水解不了近渴"等传统观念体现得较为明显。

　　最近老是感觉到累得很，可能是年龄到了。白天干完活回来，就想睡觉， 总是感到休息不过来，身体恢复得很慢。上次在半夜一点钟的时候，小孙子 突然发高烧，我和老伴急得没办法。我们家附近还没有医院，村医疗室在村 大队部，离我们家有三四里路。小孙子重得很，我又背不动。最后只好把隔 壁老二家儿子叫起来，帮忙把孙子送到医院去看的。老人老了就没有用了。 （D 村 C1，女，64 岁，20101003）

　　在访谈对象中，村民 A2 老人家庭情况具有一定的代表性。其老伴常年有 病，到医院检查说是患有风湿性关节炎，不能干活，有时天阴还要人帮助按 摩，不然就会疼得受不了。

　　也到很多医院检查过，但医生说这是类风湿，治不好，只能保守治疗。 去一趟医院动不动就得上千块，农村怎么负担起？他妈说"不治算了"，暂时 就这样受着。也没有办法，暂时也只能这样。就一个儿子和儿媳妇，都得出 去打工，到深圳去了。他们说那里工资高，留下一男一女两个孩子在农村， 我们帮助照看着。都上学了，也是一笔不小的开支。（D 村 A2，女，64 岁， 20101001）

　　慢性病是他们日常挥之不去的阴霾，感冒发烧等更是司空见惯。

　　到了一定年龄，身体就明显感觉不对劲了。过去常说"人到四十四，眼 里戳根刺"。现在即使生活条件好了，人们寿命延长了，但是各种"富贵病" 也在农村人身上体现出来。高血压、高血脂、痛风、腰椎间盘突出等，过去 干农活时候，哪有这些病，现在却是家常便饭了。（F 新型社区 LY，男，67

岁，20220212)

　　农村空巢老人人口学特征中，年龄较大是一种社会事实，而身体状况每况愈下则是另一种社会事实。笔者在调研中发现，无论是 2010 年代 D 村空巢老人简况，抑或是 2020 年代 F 新型社区空巢老人基本现实，均显现为到了一定时期，基于生命历程中的身体衰弱特征都会在一定程度上加剧他们留守农村社会空巢特性与社会支持困境。

（二）农村空巢老人本身经济状况

　　当前，随着我国经济社会的快速发展，农民生活水平也在不断提高。但是，笔者在调查中发现，虽然 2010 年代 D 村老人经济毛收入每年在 9000－12000 元之间的占被调查者的 90.0％以上，但是与之相比较则是年经济支出在 9000 元以上的占被调查者的 90.0％以上；其中，年支出超过 12000 元的占9.1％，而年收入超 12000 元的只占被调查者的 1.8％。可见在广大农村，尤其在农村空巢老人家庭中，收支相差较为明显的家庭仍然占较大比重。在他们关于自己经济状况的评价中，认为自己生活有点困难或相当困难的占76.3％，认为自己生活大致够用和稍有宽裕的只占 23.7％。勤俭度日、勉强维持生活是他们日常实践的真实写照。

　　小儿子结婚时多亏了他几个姐姐，可能是由于他是老小，家里比较惯，所以在他身上花的钱也比较多。上到高中毕业，没考上。让他再复习，怎么也不干了。还是比较惯，就由着他了，从农村找个媳妇把婚结了。但花费不小，好几万呢！农村一年到头在田里刨食，哪有那么多钱。女家非要这么多，多亏了他几个姐姐。这几年儿子、媳妇也跟着村里人出去打工了，儿子在上海做保安，媳妇听说在一大饭店里当服务员。一个小孙子也有 7 岁了，媳妇说要带过去。但城里消费还是高，哪不花钱？但是留在家里也不怎么行，天天看电视，眼睛都看坏了，我们怎么讲他也不听。等等再说吧！还是要他自己父母管教，隔皮（隔代的一种说法）了就不灵验了。(D 村 C1，女，64 岁，20101003)

　　关于这一点，到了 2020 年代，农村社会总体经济态势向好，但是具体到每一家庭则有诸多不如意之处。在 F 新型社区，农村空巢老人在既往子女供给的基础上，多数人仍然在辛勤劳作中挣得当下收入。只是老人往昔时期是在农业生产上用力，在土地里"刨食吃"，现今则是在家庭农场或者当地企业里干点零工增加收入。他们在日常生活中还是会尽量节省，以防备突然而至的经常性生病或其他人情消费。

　　农村现在人情消费不得了。过去常说"人情大似债，头顶锅盖卖"。人情来了，你就是自己不吃不喝，也要"打肿脸、充胖子"硬顶上。过去时候，家里有个大事小情的，一般是几十块钱，关系好点的才是上百元。现在你看看这个风气，一般关系的，起步价就是500元；关系稍微好点的，一出手都要上千元。不然你也拿不出手，反而丢了面子。你不要再讲农村老年人生病生灾的，不可预料，出出手都要花钱，但是挣钱又这么困难。（F新型社区FJ，男，67岁，20211009）

（三）传统家庭观念影响

　　在关于生病态度的调查中，D村49.1％的空巢老人选择了生病时不去看医生，自己买点药吃；选择忍着的老人占23.6％；选择找医生看病的老人占25.5％；另有1.8％的老人选择采用其他方式。同时，在调查中，50.9％的老人认为医院收费很贵，30.9％的老人认为有点贵，另有12.7％的老人说不清。他们对于是否能自理的评价结果是：52.7％的老人完全能够自理，32.7％的老人基本能自理，14.6％的老人部分能自理。而在病期寻求照顾的过程中，孩子是首选的支持对象，兄弟姐妹也能抽空来看看。邻居和熟人不是他们寻求支持的对象。

　　虽说我们住在一个村里都几十年了，左右隔壁关系都不错，但是遇到卧床需要日常护理时，还是不能找邻居帮忙。一是麻烦人家，二是这不是一天两天的，外人经常进进出出的不方便。我只有把孩子叫回来，轮换着照料，差不多了再让他们走。没有办法，唉！（D村K2，男，65岁，20101008）

　　在F新型社区，由于现在的居住模式以及半熟人社会的特点，农村空巢老人生病一般是在社区医疗室打针、吊水，或者自己到镇里药房买点药，凑合着吃吃。只有到了一定阶段后，自己没办法解决时，他们才会告知子女。而到了那个时候，子女们则多数会选择将老人接到自己身边照看，或者自己个人结束外出务工生涯，回归农村老家以尽孝道。基于这一点，老人们在日常生病时不愿和子女多说。他们一是不愿意多拖累子女，二是不会去麻烦那些居住在同一小区却不怎么熟悉的邻居。

现在住到楼里，很多人都是不认识。你像我们那个村庄安置进这个小区的，有几十户人家，但是也不会在同一个楼栋。集中安置区通常都有三四十栋，住着好几千人，也不可能安排在一起，都是随机抽签的。住在同一个楼栋或者同一层楼的隔壁邻居彼此都不熟悉，更别说有的还隔着好几个楼栋的家门口熟人，慢慢也变得陌生了。现在就是这种情况，你没有办法只有接受它。人员不熟，即使遇到问题也不好意思向人家张口。多数人都是自己想办法解决，或者自己内心消化。（F新型社区KO，女，65岁，20211102）

二、农村空巢老人情感支持影响因素

农村空巢老人情感支持主要由重要决定支持、心情抑郁倾诉支持、家庭矛盾解决支持等方面组成。而在具体支持类型中，他们寻求支持的广度和向度却非常有限。尤其在情感排解网络中，虽然生活在农村特有的场域中几十年如一日，相互间都较为熟悉，但是在心情抑郁时，他们很多人不愿意向外人倾诉。

（一）农村特有的村落文化

"村落文化"一词是由李银河教授提出的，它是相对于都市文化而言的。村落文化指的是以信息共享为主要特征的一小群人所拥有的文化（包括伦理观念和行为规范）。这个小群体既可以是一个二三百人的自然村，也可以是规模更大的自然村落中的一个群体。在这个群体中，每个人对群体内其他成员的情况都熟谙于胸，发生在这群人之间的一切事件都不会逃过每个成员的视野①。农村空巢老人在乡土社会中生活，不可避免受到村落文化的影响。"男主外、女主内""家丑不可外扬""好事不出门、坏事传千里"等习俗围困着他们的内心世界，不良情感得不到有效排解。

---

① 李银河. 生育与村落文化［M］. 北京：中国社会科学出版社，1994.

　　农村人排解忧愁的方式是喝点小酒，或者缓解白天干活疲劳时也是喝点小酒。俗话说得好，"喝酒不喝醉，不如打瞌睡"。但是，我们在家是不会喝多少的，通常都是那种比较便宜的，以前叫"八毛冲"，就是很便宜的那种。贵很了，农村人也搞不起呀！就是为了排解排解，毕竟农村有农村的生活方式，农村有农村的人情约束。你不能太现代化了，那样别人认为你是"烧包"（炫耀），那就不好了。（D村D2，男，67岁，20101005）

　　在F新型社区，笔者看到的、听到的多数与以前情况颇为类似，即村落文化仍然影响着人们之间的正常往来或思维方式，家庭矛盾纠纷与个体性行动均要遵循传统风俗规则。无论是以前分散居住在村庄中，还是现在集中居住在新型社区里，这一文化意识仍然主导着农村空巢老人的日常留守生活方式，并不断形构出他们社会支持的不足与欠缺。

　　你看现在住在这样的小区里，城市不像城市，农村不像农村。你讲不是城市，基本上家家都用上现代化家电了，通上自来水了。这在过去农村哪敢想，只有城里才会有的。但是你讲是城市吧，农村人居住在一起，各方面素质也没有跟上来。你像很多事情，还是按照农村习惯来办理。如红白喜事，青年人谈婚嫁娶，小孩出生、抓周、整十岁，老人做寿；等等，都是采用传统风俗。但是也有所改革，稍微简便些，不像以前那么烦琐了。你在农村还是要按农村的习惯来，并不是住进小区，就是城市人了，就可以采用城市的风俗了。（F新型社区KGF，男，65岁，20211225）

（二）农村空巢老人特有的人文素质

　　在2010年代调查样本中，D村空巢老人中小学及以下文化程度的占69.1%，初中文化程度的占27.3%，高中及以上文化程度的只有3.6%。在2020年代F新型社区空巢老人群体中，小学及以下文化程度的有407人，占62.9%；初中文化程度的有217人，占33.5%；高中及以上文化程度的有23人，占3.6%。总体而言，老人文化程度较低，这也导致他们在家庭大事决策时，不敢妄断。他们只得打电话征求子女意见，让孩子们出主意，而不会去向其他亲戚和朋友求助。

　　孩子的话我相信，他们毕竟在外面跑，见识得也较多。自家的事情还是找知己人商量比较可靠，旁人都靠不住，别人也没这时间来听你家的琐碎事情。而且他们给的意见也不一定能够参考，有的纯粹是瞎安排。（D村H2，男，62岁，20101006）

相较之前，到了2020年代之后，农村空巢老人文化程度普遍有所提高。当面对重大事件决策或者日常具体事宜决定时，征询子女意见仍是他们的首要选项。

家里大事都是我和老太婆先盘算，差不多了，才跟孩子们说一下，听听他们的意见。毕竟他们在外面，信息呀、见识呀，要比我们强一些。你别看现在都是网络时代了，好多事都是网络搞出来的。你像传销呀、网络诈骗呀，不是现代科技发达，也不一定发展得这么快。所以有时候做决定，尤其是针对"钱"的问题，还是要多方思量，多与孩子们沟通。（F新型社区QPO，男，72岁，20220205）

电信诈骗、网络诈骗等在农村地区不时上演，对留守农村的空巢老人产生了较大冲击。新型农村社区防诈骗宣传横幅如图4-1所示。而像这样的横幅在新型农村社区的很多地方都能够看到，其目的是提高农村人群尤其是老年人的防诈骗意识。笔者在一次调研中，正好遇见回家探望留守父母的ZS大爷家女儿。她的一些观点代表了现在多数农村空巢老人的心态趋向。

现在科技发达，各种诈骗手段真是五花八门，让人防不胜防。他会先给你一些甜头，然后差不多等你上套了，就对你下手了。有时候年轻人都难免上当，更别说老年人了。家门口有一个老人，外出遛弯，遇到扫码领礼品的活动。老两口一时好奇，认为有便宜可占。就扫码了，填写了个人信息。当时是领到一个玻璃杯，高兴得很，认为这是白捡的便宜。没有多久，银行有人打电话给他，说他什么时候在外地购物，透支了信用额度，要他按期还款。当时老两口就蒙了，心想也没有出去，怎么会在那里购物呢？然后在子女陪同下，到派出所报案。派出所帮助查阅了相关信息，原来是在扫码领礼品时信息泄露了。好像到现在还是没有破案，老两口只有吃闷头亏，自己把钱还了。好在不是太多，就千把块钱，但是也给老人们一个教训。我就跟我爸妈讲，不要去想那些好处，贪那些小便宜，天上是不会掉馅饼的。老两口倒也听劝，他

们也会注意，随时提高警惕的。(F 新型社区 ZS 女儿，女，42 岁，20220208)

图 4-1　新型农村社区防诈骗宣传横幅

数字化时代在带给人们生活便利的同时，也给予了犯罪分子可乘之机。在 F 新型社区，针对网络诈骗的警示语以及反诈宣传在楼道口、电梯间、小区公示栏均可清晰地看到。新型农村社区防诈骗知识概览如图 4-2 所示。所宣传的这些诈骗手段，即使年轻人也很难予以完全防范，对于农村空巢老人来说，更是防不胜防。在农村社区里，只有不间断地加强宣传，通过正反面事例和防范手法警示，使得防诈骗意识深入人心，帮助老年人时刻保持警惕状态，才有可能避免发生不必要的损失。

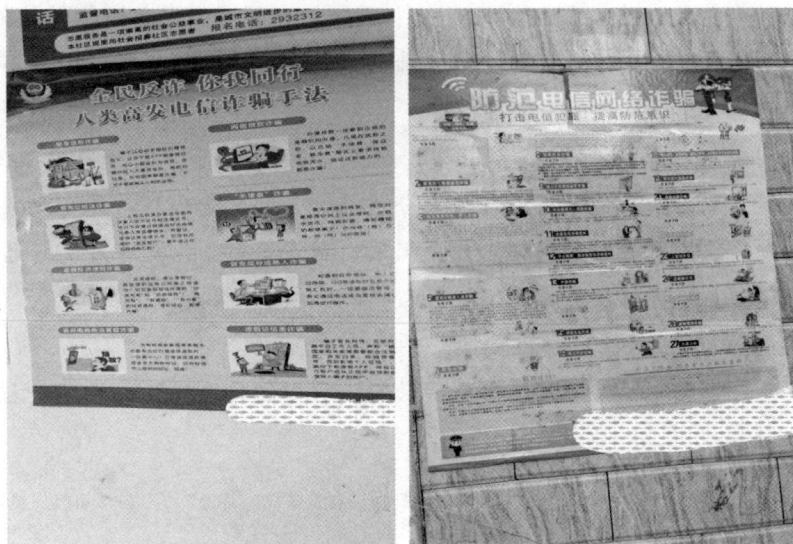

图 4-2　新型农村社区防诈骗知识概览

三、农村空巢老人社交支持影响因素

农村空巢老人社交支持主要由外出由谁陪伴、何处串门聊天、发生偷盗等治安问题找谁解决等多方面内容组成。由于周边留守的多为老人、妇女、儿童，他们往往自顾不暇，很少能够形成合力帮助其他人解决留守生活中的困难。传统农业经济制度、农民群体特有的小农意识等成为他们社交支持缺乏的缘由。

（一）传统农业经济制度

家庭联产承包责任制改革至新世纪的农村税费改革历程，可以看作是国家力量逐渐从农村社会抽离的过程。地方政府从"代理型政权经营者"① 向"悬浮型管理者"② 的转变，给农业生产力的解放创造了便利条件。按照家庭联产承包责任制"一定三十年不变"的政策，农民有了自己的土地，有了赖以生存的根本。在既往时期，农民几乎将自己的全部心血都花在土地上，力求多产粮食。"面朝黄土背朝天"俨然是他们日常生活的真实写照。他们有事没事总要去自家的田地里转悠转悠。他们外出办事时的目的性非常明确，基本上是独来独往，步履匆匆，只有极少部分是和邻居、兄弟姐妹结伴外出。而到了数字化时代，当他们的土地被流转后，在打工挣钱思维的引导下，他们依然选择外出行动时的独来独往。

农村一年到头就一个字，忙！只有过年三天歇一下，平时哪有工夫歇。农业生产、家畜喂养、家务活缠得人分不开身。尤其是现在，有些地方实行机械化耕作，抢种抢收时间短，你不抓紧，别人忙完了，有的人就惦记你家的。再说了，也要抓住晴好天气，不然一变天，到手的粮食就糟蹋了。（D 村J2，男，69 岁，20101007）

以前在农村干活，整天没有空闲时间。现在住到这样的小区里，土地流

---

① 杨善华，苏红. 从"代理型政权经营者"到"谋利型政权经营者"——向市场经济转型背景下的乡镇政权 [J]. 社会学研究，2002 (1)：17—24.

② 周飞舟. 从汲取型政权到"悬浮型"政权——税费改革对国家与农民关系之影响 [J]. 社会学研究，2006 (3)：1—38.

转了，基本上没有农活要干。除非是到老板承包的家庭农场打工，或者到附近集镇栽树呀、打扫卫生呀、集中除草呀等，需要一点体力。正常情况下，农村人现在也出不了多少体力。农业各种补贴、各种务工收入、养老保险费等，加在一起，吃饭是没有问题的。（F 新型社区 PY，男，75 岁，20221005）

（二）农民群体特有的小农意识

农村空巢老人社交支持体现在外出过程中，基本上是忙忙碌碌，独来独往，形单影只。而如果有一点空闲，他们也会和自己熟识的人聊上几句。这些人家境背景相差不大，经济收入几无差别，常年生活在一个村子里。这些同质性特征比较明显的人容易有共同语言，他们在聊生产、生活时也容易说到一起。在调查中，D 村 60.0% 左右的空巢老人选择到相近邻居家串门，另有约 40.0% 的空巢老人选择和自家兄弟姐妹聊天。而在聊天内容的选择上，他们在和自家兄弟姐妹聊天时多涉及一些较大事情，如人情消费、农业生产时令的把握等；而在和邻居聊天时，多是泛泛地说话，从村里到村外，而很少有说知心话的。

有些事情是不能和其他人说的，和邻居、熟人只是拉拉家常、开开玩笑。（D 村 M2，男，62 岁，20101012）

在 F 新型社区调研中，当问到类似串门聊天的话题时，多数老人情绪较为激动。

现在居住在这里，就像鸽子笼，哪还有左右邻居可以聊天。都是进家就关门闭户，即使同一层楼隔壁邻居也是碰见了没有多说话。只知道他是邻居，并没有主动开口交流、聊天。加之，现在农村也没有土地可供耕种，都流转出去了。和兄弟姐妹也是电话聊天，问问基本境况。基本上不怎么关注农事了，或者只是在亲戚朋友家的人情往来等大事上通知一声，简短寒暄几句后，就挂断电话。老是打电话要交电话费，上网也要流量不是？（F 新型社区 MQ，男，69 岁，20211015）

农村空巢老人实际支持、情感支持、社交支持的影响因素很多，笔者从借钱、借物、重活帮助和病期照顾等实际支持方面，做出重要决定、心情抑郁倾诉和家庭矛盾解决等情感支持方面，外出由谁陪伴、何处串门聊天、农村防偷盗等社交支持方面，对这一群体社会支持不足产生的各种原因进行了探讨和阐释，并在一定范围内，将这一群体分类在不同时点里进行比对或验证他们社会支持层面的延展性。

第二节　农村空巢老人社会支持数字化样态的底层逻辑

如上文所述，农村空巢老人留守阶段所遭受的社会支持困境，在实际支持、情感支持与社交支持层面的诸多表征，不同时点下的行动思维与意识特征在时间长河中或者延续，或者调整，或者更改以致消解。在现今时代，面对数字下乡的基本政策语境，农村空巢老人在分散居住环境中的数字化困境，到了居住共同体之后，会生发成怎样的底层逻辑？这里提到的底层逻辑，即从事物的底层、本质出发，寻找一种正确指导实践、解决现实问题路径的思维方法，以便能够迅速理清一件事情发生背后的根本原因和客观规律[1]。其属于本体性意义层面的社会事实，是形塑空巢老人行动面向的内因所在。因此，探究其底层逻辑对于帮助这一人群更好地适应数字化时代，实施积极应对人口老龄化国家战略具有一定的促进作用。在当今社会，普通大众处在一种由互联网所联系起来的共同体内，外在支配性以及技术依赖性得到了加强，他们在诸多因素的约制下，形构自己的日常生活。但是外因是条件，内因是根本，是实现数字化生存的本体支撑。上述种种，既有政策设计层面一统性、社区组织帮扶不到位、家庭层面供给不及时、子女关照泛情绪化等多方面因素的影响，还有空巢老人个体数字化意识薄弱、数字化知识学习缓慢以及生活惯习积累过甚等多方面因素的影响。

---

① 李丽莉，曾亿武，郭红东. 数字乡村建设：底层逻辑、实践误区与优化路径 [J]. 中国农村经济，2023（1）：77—92.

一、传统认知逻辑：数字化意识薄弱

数字化意识是指个体对于数字化知识、数字化产品的认识与思考，是思维层面的现实建构。农村空巢老人年龄偏大，其长期以来的思维模式和行动认知较为固化。他们基于留守需要，长年宅在农村社会，常表现出对于传统行事方式的固守和遵从，以及对于信息知识、现代科技等新鲜事物的本能排斥与自我屏蔽，从而造成他们在新型农村社区孤独境况下的数字化困扰。据有些老人所言，网络平台、智能产品等虽然好用，但是自己不习惯，也不感兴趣。

前两年，为了联系方便，小儿子在家里拉上网络，电脑也买了，摆在卧室桌子上。我们对这些倒是无所谓的，反正也不会用。但是我家小孙子喜欢得很，不仅很快鼓捣好了，而且整天在电脑上打游戏。我的手机是大女儿买来才用一年多的智能手机，屏幕被小外孙玩时跌破了，但是不影响用，就给我们了。小孙子有时候在电脑上玩累了，就还时不时地从我手里把手机抢过去，鼓捣个不停。我家老太婆训斥他，有电脑还不够你用。小孙子却怼道，电脑上游戏就那几样，没有新的，都玩够了。手机里有新游戏，有些视频里也会推送一些小游戏。小孩子玩手机，学习那些网络知识倒是蛮快的。（F新型社区QR，男，63岁，20211015）

传统的生活方式，还有生产方式，我们更加方便，也更加能够得心应手。现在的生活方式、日常作息等和过去还是有所不同的，也需要我们去重新适应。但是讲真话，从内心里还是不愿意去学。你想想都好大年纪了，技术更新换代又快，我们学的赶不上它换代的。有时候你费老大劲学会这项技术了，它又出现新的技术要替代。说不定哪天一觉睡就走了，再也起不来了，还费劲巴力的学习这些东西。（F新型社区JL，男，66岁，20211011）

二、个体生理逻辑：数字化知识学习缓慢

人是社会中的人，是具体的、活生生的个体。其在生命历程中的不同阶段，均需要融入社会，实现社会化生存，农村空巢老人也不例外。增强学习能力是其继续社会化的主要支撑与有效载体。其中，学习能力是个体生命体

征较为顽强的外显，是心理层面愿意接受外来新鲜事物的外化，属于行动层面的现实表达。农村空巢老人数字化知识学习，主要是指学习者通过电脑、网络等现代信息技术以及数字化资源进行的学习活动。然而，介于客观原因，农村空巢老人信息知识学习、网络技能汲取等较为缓慢，处于生产生活多方面都受限的状态。他们认为自己年龄这么大了，眼睛也老花了，也不认识几个字，还学习这些没有多大作用。

自己老两口在家，老伴常年有慢性病，需要人照看。我就在家当专职护理。日用品什么的，小区超市都有。自己常年也不怎么外出，整天待在小区里，就是有时候到集镇去一下。他们那地方也不是全部要求扫码，现金也是可以使用的。所以对于这种现代科技知识需求不怎么急迫，也不想或者不怎么愿意花费时间和精力来学习现代网络知识。不是有人开玩笑说，现在数字下乡，移动支付，把小偷给搞"失业"了。还真是的，现在人们出门都基本上不带现金了，到处都是"扫一扫"。（F新型社区CS，男，68岁，20211011）

在F新型社区，如部分老人所言，即使他们使用了子女们淘汰下来的智能手机，但滑屏解锁、触屏操作等对于他们来说也是一道道沟坎。他们所要增强的数字化社会生存能力，目前尚未完全实现。基于自身生理特点和心理愿景，他们不愿意付诸行动来进行数字化知识更新，从而形构出留守生活的日常困境。

我们那个年代的农村人，基本上读书都不多，好些个小学毕业就回家帮助家长干活了。也有一部分上学到初中毕业的，但是最终还是没有考上中专，没有吃上商品粮而回到农村种地了。这在那个时候的农村是普遍现象。所以说，经过这么多年，临到年龄大了，还要学习这些新技术，就学不进去。年轻时学习就头疼，现在就更加头疼了。（F新型社区XA，女，61岁，20211003）

三、日常实践逻辑：生活惯习累积过甚

惯习是人的一种性情分类图式，也即一种精神的或认知的结构①。其具有

---

① Pierre Bourdieu. Social Space and Symbolic Power [J]. Sociological Theory, 1989, 7 (1): 14—25.

3层含义，一是从微观上看，惯习存在于人们的"头脑之中"；二是从经验上看，惯习不是抽象的和理想的概念，它是在人们的实践中产生的，他们之间的互动以及与环境的互动是分不开的；三是从感知上看，它具有一种发生性的分类功能，这种功能又植根于实践的经验之中①。因此，一种惯习的获得是人们的具体行动长期占据社会世界中某一位置的结果，其必然会随着人们在这一世界中所占据位置的不同以及这些位置所具有的性质不同而发生变化。实践形构惯习，惯习也会影响着具体实践行为。同时，它还是在人们习以为常的固有行动中生发出来的，是自觉自愿的内省式行为。其"作为历史的产物，产生着个人和集体的实践，因此按照历史的图式来产生着历史"②，具有持久性与传递性，进一步制约着人们的思想和行动。农村空巢老人长期在乡土社会中生产生活，常年待在土地上。伴随着"民工潮"现象的出现，现今时代的空巢老人现象得以产生。在数字化时代，在思想意识层面的长期固化与文化层面的长期滞后影响下，这一群人在行动思维上的转变还需要一个长期过程。

家里原先居住的空间较大，出场也好。家里有四合院，前面有稻场，院里有鸡圈、猪圈，自己可以养鸡喂猪。到了这里集中居住，看着小区搞得倒还干净，但是不允许养鸡、喂猪，搞得人人都不自在。只有慢慢调整吧，短期内是不可能的。一个是很多方式都习惯了，另一个是搞这些时兴东西还是比较复杂，一时半会儿也学不会。(F新型社区GT，女，69岁，20211011)

随着现实层面的集中居住以及"被上楼"，农村空巢老人的日常困境在原有基础上添加了数字化时代的诸多鸿沟，使得数字化困境清晰呈现。

俗话都讲，"江山易改，禀性难移"。我们熟悉的生活方式、农业生产方式，都是经过多少年学习，然后才形成的现在经验。你讲一两句话就能改变，或者一夜之间就能改变多少，都不现实。习惯养成需要过程，习惯改变也需要过程。我们还是不能急躁，还是要慢慢来，能够学习多少是多少。这毕竟

---

① 侯钧生.西方社会学理论教程［M］.天津：南开大学出版社，2001.

② Pierre Bourdieu. Outline of a theory of practice ［M］. Cambridge：Cambridge University Press，1977.

不是我们当前的硬任务，也不是最紧迫的。最紧迫的就是搞好身体，少生病、能够生活自理，不给子女增加负担，让他们安心出去打工。（F 新型社区 CBS，男，68 岁，20211020）

在数字化时代的背景下，农村空巢老人对于生活惯习的真实表达和既往生活的怀念，均显现出他们这一阶段、这一区域的惯习逻辑。他们在内心深处愿意遵从一以贯之的生活方式，过着日复一日的平淡生活。这一传统生活惯习使得他们对于信息社会、网络知识会盲目排斥与自我隔绝，逐渐形构出留守乡村的数字化支持困境。

小　结

对于农村空巢老人来说，他们不仅要经历往昔时期实际支持、情感支持、社交支持层面的诸多因素制约，还要经历数字化时代特定行动逻辑的牵制。在这一过程中，农村空巢老人人口学特征、家庭氛围、传统农业经济制度、人文素养、乡土文化等均是形塑其社会支持困境的主要构件。除此之外，数字化时代空巢老人数字化思维缺乏、数字化知识学习缓慢以及惯于既往生活模式也会形构出他们的社会支持困境。诸此种种，由表象到实质，由思维到行动等，逐渐清晰呈现出这一群体于数字化时代社会支持不足的形构要素。

第五章　农村空巢老人社会支持因素解读路径

综上所述，笔者首先从整体上对农村空巢老人留守生活全景做了横剖性描述，并进一步阐释了这一群体留守过程中的社会支持现状；接着运用访谈资料，挖掘和探究引发这一现状的影响因素；最后对这些影响因素进行提炼和归纳，形成较为清晰的脉络，据此生成这一群体在数字化时代遭受社会支持困境的底层逻辑。下文将阐述农村空巢老人在制度层面上受到社会正式制度和非正式制度的双重排斥。

第一节　社会排斥：一个解释维度

关于社会排斥，欧洲学术界强调个体与社会整体之间的断裂。而我国学者"从社会学的独特视野出发，指出社会排斥是指某些社会群体，由于社会政策等制度化原因而被推至社会结构边缘地位的机制和过程。被排斥的社会群体，诸如农民工、老人及残障人士等，在社会资源的获取上总是处于不利地位"①。从社会排斥角度入手因应农村空巢老人社会支持现象，可以将之分为正式制度和非正式制度两个向度予以解读。其原因主要有以下几点：

第一，农村空巢老人留守乡村社会所遭受的困境是一个动态的累积过程，

---

① 周林刚. 论社会排斥 [J]. 社会，2004（3）：58—60.

而并非一种静止不动的状况。这一动态过程既包括人文背景和传统家庭观念排斥、经济状况和健康医疗状况排斥、国家政策排斥等，也包括人口学特征、知识水平、文化素养、意识思维、行为惯习等制约。

第二，社会排斥高度关注个人生命历程与宏观历史过程的交错和碰撞，关注社会急剧变迁对农村空巢老人生活境况带来的变化，是一种非短暂性的、非局部性的现象。在转型加速的效应下，如何帮助农村空巢老人增强社会适应能力，主动融入数字化社会，建构新的数字化生存模式，则需要多重主体合力推动完成。

第三，社会排斥自身是一个多维度且相互作用的结果，遭受某一维度的社会排斥可能引发另一维度的社会排斥。当前基于社会结构、政府政策、制度安排、人文背景、传统观念共同束缚和排斥处于弱势地位的农村空巢老人，他们获得实际支持的路径相当狭窄。他们只能处于被边缘化的地位，选择长期性忍让，形构自己被动、沉默和无助的生存困境。

第四，农村空巢老人由于社会关系网络狭窄和他们自身人口学特征上的弱势处境，外在世界将他们作为主流社会之外"沉默的他者"来对待，这是一种对他者叙事的遮蔽。因此，在强调传统观念、风俗习惯和乡土人文对农村空巢老人产生的诸多影响时，还必须加入社会政策要素和制度性偏向构件，以图从这些方面找准突破口，进而逐渐消除这种排斥性壁垒。

由此，将社会排斥作为一种解释农村空巢老人社会支持状况的维度，其可行性和合理性得以彰显。

第二节　正式制度与农村空巢老人社会排斥

自20世纪90年代以来，我国提出了大力发展城市人口、促进城镇化建设的政策，鼓励农村青壮年到城市打工、经商、买房定居。这一政策吸引了大量农村人口快速流向城市。在很长一段时间内，由于各种规章制度的制约和限制，农民工"边缘化"境遇长期得不到较好解决，很多人只得让年迈的双亲留守在农村。农村空巢老人俨然被排斥在社会制度和国家保障政策之外，不得不承受晚年的无奈。新制度经济学代表人物之一道格拉斯·C.诺斯曾给制度下这样的定义：制度是一个社会的游戏规则，更规范地说，它们是为决定人们的相互关系而人为设定的一些制约①。制度由正式规则与非正式规则构成，前者包括法律、法令、规章等刚性束缚，而后者则包括风俗习惯、伦理道德、价值观念、意识形态等属于文化范畴的规则与约束。对应到本书中，我们可以发现农村空巢老人所遭受正式制度的社会排斥存在于以下几个方面。

一、"城乡二元"户籍制度限制

在很长一段时间内，进入城市打工的农民工境遇尴尬。在工种方面，农民工在城里一般从事的是临时性工作，工作性质不稳定，而在失业后又很难享受到社会支持，直接加剧了农民工家庭外迁的成本；在教育方面，"城乡二元"户籍制度加大了农民工孩子的教育成本。农民工进城务工，多数奔波于城市和农村之间，户籍制约和城市群体的排斥，使得他们在身份设定和心理认同上均不能成为真正的"城里人"。

在城里打工，没有户口就享受不到城市户口的福利。我家两个儿子和儿媳妇都在城里打工，孩子就是不敢带在身边。城里上学没有户口就要缴纳赞助费，从几千元到几万元不等，他们这些打工的哪能搞得起。我老两口身体还可以，就凑合着帮助他们搭把手，帮助照看在家上学的小孙子。（D村B2，男，65岁，20101001）

近年来，伴随着一系列制度的改革，尤其是在住房制度改革后，户籍制度改革得到有序推进。农村户籍人口在城市购房后，依托所购住房可以解决户籍转接问题。也就是说，在城里购房，凭借房产证可以到辖区派出所办理户口转接手续，将农村户籍转入相应城区派出所，成为城市户籍人口。

---

① ［美］道格拉斯·C.诺斯.制度、制度变迁与经济绩效［M］.刘守英，译.上海：三联书店上海分店，1994.

现在这个时期，在我们这个地方，农村和城市基本上相差不大了，有的地方农村和城市发展都连到一起了。对于户籍来说，现在城里买房就能转户口，不像前二十年，那时候城里户口吃香。有了城里户口，就有商品粮待遇。家中一个城里亲戚那时候要把小孩办成城市户口，一个小孩花了好几千元才买上城市户口。不过那时候有用，尤其是孩子参军、在城里找工作等都有优惠。现在，城市户口与农村户口没有多大分别了。除了有的家庭小孩要到城里上学，那还需要城里户口来优先安排并能免缴赞助费。其他的都一样。有的家庭小孩都考上大学了，也不转农村户口，等待农村什么时候拆迁，可以作为一个独立户头，分到拆迁款。(F 新型社区 BY，男，69 岁)

二、传统农业经济制度发展不均衡

20 世纪 70 年代末，以家庭联产承包责任制为契机，我国的体制改革首先在农村推行。在社会结构转型的快车道上，人口城市化进程空前加速，农业领域剩余劳动力纷纷流向"大有作为"的非农行业，他们或就地流动，或离土又离乡[①]。按照家庭联产承包责任制"一定三十年不变"的政策，土地所有权归集体，农民只有经营使用权，不能进行买卖。因此，农民在使用土地的过程中，将几乎全部心血都花在土地上，力求多产粮食。农民有事没事总要去自家的田地里转悠转悠，而不愿把时间花在他们认为不重要的事情上。

农村人主要工作就是干农活。常言说得好，"农家活不要学，人家咋着我咋着"。只要你用功夫在上面，就不愁搞不上吃的。农村的各项开支都要从土地收成上体现出来，因此农村人都是有事没事就到农田里走走看看。看看庄稼长势，看看农田墒情。然后再做打算，确保农作物正常生长，正常得到收成。(D 村 J2，男，69 岁，20101007)

住在 F 新型社区里的农民已经逐渐挣脱了农田的束缚，"从土地要收成"慢慢地变成"到工地挣现钱、挣快钱"。

---

① 周林刚. 社会学视野中农业劳动力流动决策的理论模型——对甘肃省东乡族苜叶里社区的调查 [J]. 甘肃社会科学，2003 (3)：48—52.

现在农村人无论年纪轻的还是年龄大的，都在想着出去打工挣钱。当然那些有病的，自己生活都难以自理的除外。土地承包出去了，农活不要做了，补贴就那些，土地集体流转也就那些钱。这些都是"死钱"，就像缸里的水，舀掉一瓢就少一瓢。要想用到"活钱"，就必须想办法出去打工挣工资。就像自来水一样，源源不断的。那样子才能长久，才能让生活过得更好。有的人说农村人抠抠搜搜的，舍不得花钱。那是没有办法，就那么点收入，到处都是空缺，都要填补。真要是收入够高，农村人也会把粉搽到脸上的，也会想着体面生活的。（F 新型社区 JL，男，66 岁，20211011）

三、国家社会保障政策不够完善

在 1996 年 10 月 1 日《中华人民共和国老年人权益保障法》实施后，《安徽省实施〈中华人民共和国老年人权益保障法〉办法》①规定所指保障对象是 60 周岁以上的公民。2009 年 9 月 1 日，国务院又以国发〔2009〕32 号文件发布《国务院关于开展新型农村社会养老保险试点的指导意见》②，明确提出新型养老保障 2009 年试点覆盖面为全国 10％的县（市、区、旗），以后逐步扩大试点，在全国普遍实施，2020 年之前基本实现对农村适龄居民全覆盖。养老金待遇由基础养老金和个人账户养老金组成，支付终身。由此可以看出，无论是 1996 年实施的《中华人民共和国老年人权益保障法》，还是 2009 年发布的《国务院关于开展新型农村社会养老保险试点的指导意见》，都没有设置对于空巢老人等特例的优待办法。随后，这一政策体系不断得到修订完善。2014 年 2 月 21 日，国务院印发《国务院关于建立统一的城乡居民基本养老保险制度的意见》（国发〔2014〕8 号）③，决定在总结新型农村社会养老保险（简称新农保）和城镇居民社会养老保险（简称城居保）试点经验的基础上，

---

① 2001 年 7 月 28 日安徽省第九届人民代表大会常务委员会第二十四次会议通过．

② 根据 2015 年 11 月 27 日《国务院关于宣布失效一批国务院文件的决定》（国发〔2015〕68 号），《国务院关于开展新型农村社会养老保险试点的指导意见》（国发〔2009〕32 号）已宣布失效．

③ 国务院关于建立统一的城乡居民基本养老保险制度的意见［EB/OL］．［2025－05－20］．https：//www.gov.cn/gongbao/content/2014/content_2629931.htm.

将新农保和城居保两项制度合并实施，在全国范围内建立统一的城乡居民基本养老保险制度。同时规定凡年满 16 周岁（不含在校学生），非国家机关和事业单位工作人员及不属于职工基本养老保险制度覆盖范围的城乡居民，可以在户籍地参加城乡居民养老保险。参保人自主选择档次缴费，多缴多得。参加城乡居民养老保险的个人，年满 60 周岁、累计缴费满 15 年，且未领取国家规定的基本养老保障待遇的，可以按月领取城乡居民养老保险待遇。分析可知，调整后的政策体系总体性提出了参保范围和人群，较少进行细化分类，农村空巢老人依然没有单独提出，而是划入和其他人群同等类别予以对待。

到了 2020 年代，F 新型社区发放的城乡居民参保通知显示，医疗保险人均缴费标准日渐上涨，已经从既往时期的几十元上涨到现在的几百元。养老保险设置了多种缴费标准，由参保人自行选择。缴费 200 元，政府补贴 40 元；缴费 300 元，政府补贴 50 元；缴费 400 元，政府补贴 60 元；缴费 500 元，政府补贴 70 元；缴费 600 元，政府补贴 80 元；缴费 700 元，政府补贴 90 元；缴费 800 元，政府补贴 100 元；缴费 900 元，政府补贴 110 元；缴费 1000 元，政府补贴 120 元；缴费 1500 元，政府补贴 150 元；缴费 2000 元、3000 元、4000 元、5000 元、6000 元，政府补贴 200 元。

城乡居民养老保险缴费及待遇测算见表 5-1 所列。上述政策得以兑现的前提是必须按照要求和标准予以定期缴纳，实现参保账户金额持续增加。农村空巢老人本就收入有限，挣得一点现钱，也是基本上维持当下开支。再让他们如期缴纳上述费用，如医疗保险、养老保险等，老人们内心比较排斥。即使部分老人有了子女经济供给，或者子女予以缴纳相关保险费用，但是他们自身认知不足，对参保缴费积极性不高，基层干部催缴过程比较艰难。

在 2010 年代，农村老年人社会保障主要包括最低生活保障、五保供养、农村合作医疗、农村养老保险等。相对而言，覆盖面最广的是新型农村合作医疗，也是农村空巢老人能够直接受益的一项政策。在既往调查中，D 村 88.9％的空巢老人认为新型农村合作医疗对于缓解农村看病难没有帮助。

表 5-1　城乡居民养老保险缴费及待遇测算一览^①

单位：元、元/月

序号	缴费标准档次	政府给予缴费补贴	一次性补缴的月领取待遇（按照15年测算）			15年逐年缴费预计待遇领取情况				备注
			基础养老金	个人账户养老金	每月预计领取待遇	基础养老金	个人账户养老金	每月预计领取待遇	每年预计领取待遇总额	
1	200	40	215	21.58	236.58	215	33.67	248.67	2984.03	缴费超过15年，每增加1年，养老金每月额外增加2元；一次性补缴及缴费3000元以上部分，计算待遇时不放大130%
4	500	70	215	53.96	268.96	215	79.96	294.96	3539.57	
9	1000	120	215	107.91	322.91	215	157.12	372.12	4465.47	
10	1500	150	215	616.87	376.87	215	231.47	446.47	5357.70	
11	2000	200	215	215.83	430.83	215	308.63	523.63	6283.60	
12	3000	200	215	323.74	538.74	215	448.92	663.92	7967.05	
13	4000	200	215	431.65	646.65	215	556.83	771.83	9262.01	
14	5000	200	215	539.57	754.57	215	664.75	879.75	10556.98	
15	6000	200	215	647.48	862.48	215	772.66	987.66	11851.94	

1. 此表为预计数，未将账户利息纳入测算；所涉及的金额均保留两位小数。

2. 第 3 列政府补贴为逐年缴费享受，补缴年度不享受。

3. 第 9 列领取金额为 15 年逐年缴费可享受。选择 3000 元及以上档次，逐年缴纳比一次性补缴每年多领取待遇约 1500 元。

国家政策是想让我们老百姓看得起病。但是你们不知道，我们在看病过程中要先行筹钱垫付药费，而你去报销医药费时，手续就特别烦琐。农村看病报销不知道有多难！（D 村 L2，女，67 岁，20101010）

到了 2020 年代，实施积极应对人口老龄化国家战略，是以习近平同志为核心的党中央深刻把握应对人口老龄化工作规律，深入分析新时代我国老龄

---

① 资料来源：F 新型社区居委会"致全镇城乡居民养老保险参保人员的一封信".

工作面临的新形势新任务，作出的重大决策部署。而在具体落实层面，有的老人认为，其还存在很多不能让人满意的地方。

现在农村医保比以前好多了，报销比例提高了，报销手续简化了。但还是存在很多问题。你像我们家庭，一年也不到医院住一次院，每人每年还要交 300 多元医保参保费。家里几个人合在一起，每年仅仅这项支出就达一两千元。这个提高的速度太快了，农村人看看都搞不起了。你讲合作医疗，但是只有住院才能享受这么多，其他的买点药还不给报销。但是我们也能理解，有的家庭有慢性病的，办理了慢性病卡，就可以享受很多优惠政策了。就是现在缴费太高了，从以前的几十元到一百多、到二百多，然后到现在的三百多元，以后还会不会上涨呢，这些都是未知数。村里解释说，"交得多，是因为现在服务范围扩大了，报销比例提高了。你别看你们老百姓交得多了，其实你交得越多，国家给予你的奖补就越多，你的个人账户上统筹的就越多，你的可用范围就越大"。但是，话是这么说，年年上涨，还是不容易接受，农村人每一分钱都是血汗钱。（F 新型社区 KGL，男，76 岁，20220305）

第三节 非正式制度与农村空巢老人社会排斥

在考察农村空巢老人社会支持影响因素的过程中，笔者发现对于这一特殊群体的社会排斥不仅仅限于正式规则约束和理性制度的忽视，更为突出的是村落文化、道德观念以及他们自身人口学方面的约制等非正式制度排斥。据清华大学王思斌教授的界定，非正式制度是指人们在长期交往中无意识地形成的、不成文的、指导人们行为的道德观念、伦理规范、风俗习惯等①。笔者将从以下几个方面对农村空巢老人社会支持现状予以解读。

一、传统道德观念以及村落文化束缚

在中国农村社会，传统道德观念、村落文化等非正式制度是人们长期共

---

① 王思斌. 社会学教程 [M] . 2 版. 北京：北京大学出版社，2003.

同生活的经验总结和共同选择的结果。在自然村落这个小群体中，传统道德观念和村落文化不仅没有因为制度改革和社会变迁而发生改变，而且还会以各种形式在不同层面上制约着人们的思想观念与生活模式。空巢老人在农村乡土社会中生产、生活，不可避免要受到村落文化影响和传统道德观念的拘囿。在病期照顾、情感宣泄过程中，"男主外、女主内""家丑不可外扬""好事不出门、坏事传千里"等思想深刻影响着他们的行为和选择。

　　家里的事情一般都是自行解决，心情不好的时候我一般都是喝二两，然后倒头就睡，等天一亮就没事了。你说去向谁说说，那不可能。不要被人家笑话了，还想学城里人，心情抑郁了，那纯粹是闲的。你让他到农村待两天，看他还抑郁不抑郁。农村人是裤子一蹬，忙到熄灯。家庭纠纷一般也是找老公亲来调解，而不会去向邻居和熟人说说，更不会去找村组干部。不要没事找事，闹得满城风雨，被人家当做话把子（闲聊的谈资）。（D村D2，男，67岁，20101005）

　　当生病寻求照顾时，孩子则是首选的支持对象，自己的兄弟姊妹也能抽空来看看。而邻居和熟人并不是他们寻求支持的对象。

　　农村社会还是比较保守和讲究传统的，隔壁邻居虽说关系都处得不错，有的可能比亲兄弟姐妹走的还要近些。但是真要到了这种照看生病、床前长期护理的程度，还是需要自己家人上场才行的。那时候你再让邻居来就不合适了，一个是人家没有义务，另一个是毕竟朋友关系靠处的，是不能和血缘关系划上等号的。（D村K1，男，69岁，20101007）

　　既往时期，在午秋二季收割结束后，走亲访友是农村人的必备选项。而在今天，这一交往方式正在缩减或者消失。农村人外出挣钱的渴望慢慢代替了亲戚朋友间长期的关系维持。他们的日常生活里，没有农忙与农闲之分，只要有活就会出去帮着干。农村空巢老人只要身体允许，不需要隔代照顾孙子女，他们也会乐意参与附近的务工大军中，每天挣得及时清算的百十元工资。

　　以前一年到头还会到娘家过几天，老人不在了，毕竟几个弟弟还在家，都能过上十天半月的，别人也不会嫌弃。现在你再去过几天试试。一个是多数家里都拆迁了，到楼上住着，空间小。你去了，人多都活动不开，人家也不方便。第二个是都在忙着挣钱呢，白天都在外边，家里没人在家，你去了没人陪你，你也待不住的。就别说生病让亲戚朋友来照看两天，不现实。自己家的事情还是要靠自己家啊。首选老伴，子女都是排在第二位的。(F 新型社区 HD，女，73 岁，20220502)

二、家庭作为社会支持本位的偏离

无论是过去还是现在，人类社会最基本的单位是家庭。任何在家庭以外建立起来的正规的社会保障制度都不能取代家庭的功能和责任，只是在不同程度上、用不同的方式对家庭责任进行了分担[①]。费孝通先生曾提出"差序格局"概念，形象地概括了中国传统社会的社会结构和人际关系特点："我们的格局不是一捆一捆扎起来的柴，而是好像把一块石头丢在水面上所发生的一圈圈推出去的波纹，每个人都是他社会影响所推出去的圈子的中心，被圈子波纹所推及的就发生联系，每个人在某一时间某一地点所动用的圈子是不一定相同的"[②]。能够造成和推动这种波纹的"石头"是什么呢？费孝通先生明确地指出是以家庭为核心的血缘关系。据此而言，家庭是社会的细胞，家庭本位在中国社会尤其突出。社会团结首先是家庭（家族）的团结，是靠差序格局形成的社会支持体系[③]。

然而，笔者在对 D 村空巢老人调查中得知，家庭成员对农村空巢老人社会支持主要集中在经济供养、生活照料和情感交流等方面。而在实际支持形式上，子女对空巢老人的主要经济供养方式包括现金支持和实物支持。其中，提供现金支持的占 46.4%，提供实物支持的占 43.6%。但是介于自身的经济条件，子女对于老人提供的支持相当有限，许多空巢老人只要身体允许，就会不停地从事农业劳动来维持生活。在生活照料上，子女只有在老人生病时

---

① 张秀兰，徐月宾. 建构中国的发展型家庭政策 [J]. 中国社会科学，2003 (6)：84−96＋206−207.

② 费孝通. 乡土中国：生育制度 [M]. 北京：北京大学出版社，1998.

③ 王思斌. 中国社会的求—助关系——制度与文化的视角 [J]. 社会学研究，2001 (4)：1−10.

才会予以全身心的照顾。而在一般情况下，由于子女常年在外，空巢老人多数都是自己照顾自己。据 D 村调查数据显示，农村空巢老人生活完全自理和基本能自理的占调查总数的 85.4％。在情感交流方面，家庭原本是农村老人满足情感需求的主要场所，他们理应享受着亲情关爱、家庭温暖、儿孙绕膝的天伦之乐。在外务工的子女虽然也经常打电话回家，但是他们多数都是和自己留守在家的子女进行交流，或者向老人询问一下孩子的学习和生活情况，而和老人本人却"没话说"。

　　农村人是没有固定休闲时间的，也不会安排一段时间去和别人聊天。和人家没的讲。除非讲讲农业生产、农时安排、拉拉家常。也不能深叙，或者什么话都对外讲。我主要是在吃过中饭就近去隔壁坐坐，但也不会坐时间长，也不会天天去。去长了、坐久了人家就厌了。有时也到其他兄弟家去坐坐，那主要是在晚上。主要是讲讲最近亲戚都有些什么新的事情，或者商量到亲戚家里去出人情，或者讲讲家门口的事情，那是必须去的。（D 村 N2，男，63 岁，20101014）

　　到新型社区居住后，农村空巢老人在社会支持方面仍然存在诸多不足。面对着铺天盖地的网络产品，农村空巢老人如何适应，则是一个需要关注的问题。

　　以前时候，农村人把家庭看得很重，风俗传承、礼仪文明等都是手把手教的。现在你再看，慢慢都淡化了。但是有些东西还是在的，还比过去复杂掉了。婚丧嫁娶、清明祭祀等都回归传统了。老年人能生活自理当然最好，当生活不能自理了，子女们都要忙着挣钱，就没有多少时间会安排在你这里，只有慢慢受着。现在他们回来，无论是大的、小的，都是手机最亲。（F 新型社区 CBS，男，68 岁，20211020）

三、农村空巢老人人口学特征约制

　　据调查资料显示，D 村空巢老人年龄均在 60 岁－80 岁之间，文化程度在小学及以下的占样本总数的 69.1％，而身体状况很好的只占样本总数的 23.6％。即使身体状况不佳，他们之中经常下地劳动的占 63.6％，感到农活很重的占 58.2%，生活来源由自己解决的占 63.1%。通过对这些数据进行分析可以看出，我国农村空巢老人仍然从事着繁重的体力劳动，多数人仍自己挣钱养家糊口。

> 农村人的生活来源主要是从土地上挣得的，就是通常说的从土里刨食吃。你想呀，农村人识字不多，也没有啥技术。年轻时候出去，还能凭借一把力气，挣点力气钱。年龄大了，身体状况下降了，哪还有力气出去挣钱，只有慢慢地在家里看好这二亩田。有的吃就行了。（D 村 J2，男，69 岁，20101007）

而在 F 新型社区调研中，空巢家庭 60 岁以上老年人为 647 人。其中，小学及以下文化程度的有 407 人，占 62.9%；初中文化程度的有 217 人，占 33.5%；高中及以上文化程度的有 23 人，占 3.6%。农村空巢老人文化程度较低，在面对数字下乡的既成事实时，他们显得无所适从。

> 现在我们老家农田都被老板承包了，一年一亩田给个几百块钱，作为贴补。加上养老保险、农业补贴，还有孩子们给点。有时候我们也出去捡点破烂，或者到附近农场干点杂活。总之就是活一天是一天了。农村人就是怕生病，尤其是老年人，避免不了的。一生病，家底就掏空了。但是，我们也只能平常心去面对。到了一定年龄，生老病死是自然现象，避免不了的。（F 新型社区 JW，男，68 岁，20211229）

四、数字化时代技术性区隔

在数字化时代，数字产品、数字技术、数字应用等均影响着农村空巢老人的日常实践活动。二维码、电子支付与线上服务，已成为日常生活中不可缺少的一部分。但对于农村空巢老人来说，这些现代化的科技工具反而成了一道障碍，将他们隔绝在数字化时代的便利之外。

> 在农村这里，像这样六十多岁的老人，都还能算得上是能干的。各项现代技术也还是要学习一些，不然真不能出门。你像七八十岁的，就差劲些，到哪里都畏畏缩缩的。如果没有家里孩子陪着，还就不能出门。到超市买东西，他让你扫码支付。到医院看病，农村医院还好些，人不多，可以现场去

挂号、拿药。但是到大医院去，都是需要提前在网上预约的。不然你直接过去，或者挂不上号，或者挂上号了，排队就要排好长时间。因为你现场挂号肯定排在人家网上预约后面了。到银行取点现金，有卡的就方便些，直接在那个取款机上操作。你像我们不习惯用卡的，拿着存折还要取号排队，然后到柜台办理。这就是他们所说的，数字时代一切以数字说话，让数字跑路，对于我们老年人非常不友好。我们还是习惯于过去的操作方式，那些简便的很，操作起来也是"老猫上锅台"，走走老路就可以了。（F 新型社区 MZC，男，76 岁，20220102）

而作为农村基层治理中的行动主体，镇村两级政府相关部门的行动内容与行动导向，也会对农村空巢老人社会支持产生一定的影响。

针对现在农村空巢老人特点，我们镇上每年都会定期安排一些行业技术人员到社区开展培训工作。你像银行的、医院的、供电缴费的、农村保险的，等等，由镇上相关站所人员陪着下到各个社区开展宣讲与培训。一方面增加老人们的数字知识，引导他们数字思维；另一方面也在现场教给他们一些简单的技术操作方法。老年人特点在那，只有一遍一遍教，一遍一遍讲，他们慢慢地才能接受，也才能去学习相关知识。不然，你只搞一两遍，你这里搞完了，也就完了。老人们毕竟记忆力下降了，再加上没有上心，也不会往心里去。所以，针对数字下乡，镇里、村里还是做了很多工作的。（S 镇党委副书记，男，39 岁，20220429）

上述种种困境，内在缘起上也显现为政策设计层面与学术研究层面对于农村空巢老人在具体认知上尚未达成一致，仍然需要在具体研究对象与实践策略上进行有效勾连，形成无缝对接，共同推动实施积极应对人口老龄化国家战略，实践中国式现代化目标。

小　结

齐美尔认为，社会对于穷人的资助，有助于社会体系本身的持续。正常的社会应该有机会让人们表达意见和不满，甚至宣泄自己的对立情绪。如果缺少这种日常的宣泄，许多社会关系就难以为继[1]。农村空巢老人作为社会弱势群体之一，虽然在社会支持不足的过程中，没有也不会出现对于社会关系的干扰和破坏，但是他们也有诉求心愿的要求。由此，政府相关部门需要把这一特殊群体诉求一并考虑并纳入合理的体制和政策内，让农村空巢老人能够享受到较好的福利待遇。只有这样，他们才能够晚年生活和谐、幸福、安康，平稳度过人口老龄化危机，从而实现全体人民共同富裕目标。

① 周晓虹．西方社会学历史与体系［M］．上海：上海人民出版社，2002.

第六章　结论与对策建议

第一节　结　论

本书从实证调查入手，基于 2010 年代以及 2020 年代不同时点，采用同期群研究策略，以安徽省 C 县 Z 乡 D 村、安徽省 H 市 S 镇 F 新型社区作为研究个案，通过问卷调查、深度访谈、非结构观察等研究方法，在对农村空巢老人留守阶段遇到的诸多困境进行客观表达的过程中，展现了既往时期以及数字化时代背景下农村空巢老人在生产生活、文化娱乐、社会服务等方面的真实景象。同时，本书还从政策层面、社会层面、个体层面探究这一群体社会支持样态的影响因素与底层逻辑，并运用社会排斥等相关理论进行深度解读，以图为其他研究者提供一个新的研究视角。

一、农村空巢老人社会支持的多重镜像

笔者通过对问卷调查资料和访谈观察资料等进行归类梳理得知，农村空巢老人留守生活呈现出的是一幅无奈、无助的凄凉晚景。他们总体的支持网络规模狭小，多集中在 1—2 人；关系类型也多限于以血缘、亲缘为纽带的家族之内，获得国家和社会的外在支持有限。农村空巢老人多数会默默承受生

产生活中的各种不如意和不适应。

二、多重逻辑形塑而成的社会支持样态

在新型农村社区的居住环境下，较完善的基础设施与较完备的软件资源带给了空巢老人诸多不适应、不便利。本体性意义则是他们基于传统认知、个体生理与日常实践等多重层面形构而成的底层逻辑。农村空巢老人对于数字化时代的诸多不适应，以及数字化传输对他们日常行为的各种影响，造成了他们面对急剧社会转型而生发的文化迟滞现象，是他们对于既往时期生活习惯的固守和怀念。

三、双重制度排斥下的社会支持样态

从社会制度层面上可将社会排斥分为正式制度排斥和非正式制度排斥。农村空巢老人面对的是双重制度排斥的交集。

一是在正式制度层面，国家对于农村空巢老人的专门性政策和福利制度缺乏。无论是在 2010 年代的 D 村，还是在 2020 年代的 F 新型社区，多年沿袭而成的养老模式仍然以居家养老为主，社会支持供给主体依然是家庭成员。农村空巢老人依然在很大程度上被排斥在国家宏观政策之外，并没有享受到特殊优待。另外，社区养老、机构养老等探索性模式暂时也没有让农村空巢老人获利，他们仍然遵循着自己多年的生活模式，默默无闻地生活着。与此同时，往昔时期城乡二元分割和具有身份标识的户籍制度障碍，虽然也在改革深化中得以弥补与纾解，但是要完全填平这一制度性鸿沟，还需要一定的时间。

二是在非正式制度层面，在实施积极应对人口老龄化国家战略的背景下，农村社会总体性状态日渐向好，但是仍然存在诸多不足。譬如，利益诉求日渐多元，政策设计倾向民生，基层实践样态多重。然而，在数字化时代农村经济发展水平不均衡、娱乐方式过于同质化、社会交往虚拟化等多种影响下，农村空巢老人获得社会有效支持受到了极大的约制。

据此可见，农村空巢老人正是在这双重制度排斥下悄然过着自己的留守

生活，并在忙碌劳累中尝试适应数字化生存模式，力图最大可能享受数字化知识红利。

第二节　纾解农村空巢老人社会支持困境的因应策略

在数字化时代，农村空巢老人社会支持问题繁复纷杂，影响因素多元叠加。其不仅有制度层面的诸多约制，也有老人自身本体性特征的各种限制，并据此形构为不同的行动逻辑。如何实现这一群体安享晚年生活，实施积极应对人口老龄化国家战略，度过人口老龄化社会危机，实现共同富裕目标，需要政府、社会、个体多重发力，协同推进。为了纾解上述困境，本书提出政府推动、市场支持、社会帮助、家庭关怀、个体努力等多元统合纾解策略，以图多主体、多渠道帮助农村空巢老人适应数字化时代发展。

一、加强顶层设计，强化政府推动策略

推动实施积极应对人口老龄化国家战略，政府层面要强化引领推动，不仅要做好顶层设计，而且要紧盯基层落实，建立长效机制，确保政策切实落地，让农村空巢老人受益。

一是顶层设计层面，加大政策保障与有效推动举措。政策支持是纾解农村空巢老人社会支持不足的根本。坚持政府在推动农村空巢老人社会支持问题纾解功能上的制度性建设作用，有效发挥政府的兜底功能。政府尤其要从养老保险、医疗保险、农业生产补贴、数字化匹配等方面出发，完善各项措施，推动实现农村空巢老人有序、有效养老。

二是具体落实层面，结合多重维度，推动有效实践。可以结合乡村振兴、数字下乡等惠民政策，切实完善农村社会保障制度，扩大保障范围，惠及更广泛人群。基层工作人员要树立民生为本理念，从老人切身利益入手，保持耐心与韧劲，宣讲数字化知识，手把手教会老人数字化操作方法，让老人渐渐适应数字化生活。

三是完善机制层面，建立定期培训机制。基层政府、村党组织、村委会、社居委等要依托日间照料中心、托老所、夜间照护中心等，传输数字化理念，满足农村空巢老人全时段社会支持需求。村委会可牵头建立棋牌室、文娱中心等公共服务设施，丰富农村空巢老人的精神文化生活。

二、拓展行动者思维，发挥市场支持作用

推动实施积极应对人口老龄化国家战略，市场层面也应发挥主体功能，通过有效经济供给帮助农村空巢老人有效养老、安居生活。

一是依据老年人人口学特征，开展数字化技术推进工作。按照生命历程周期推算，老年人群正处于生命历程衰老期。其人口学特征显示，老人在认知思维与习得性行动上会有所缓慢。因此，要拓展市场支持范围，从农村空巢老人的切身需要出发，充分发挥市场支持作用。

二是探索养老服务模式，多元化满足农村空巢老人数字化需求。农村空巢老人习惯于家庭养老、子女养老等传统模式，当下需要加大宣传力度，让他们认识到更多的现代养老模式。利用市场力量，在社区养老、机构养老、集中供养等方面多渠道探索实践路径，让老年人拥有更多的选择空间；充分调动市场要素，发挥技术更新优势，研发适老型数字产品，让农村空巢老人可得可及，享受数字化红利。

三、构建协同体系，引导社会组织常态化帮扶

建立政府主导、市场主体、社会协同养老供给策略，动员社会组织参与推动农村空巢老人养老进程，实现常态化帮扶体系。

一是建立协同体系，引导社会组织参与建设养老新模式。数字化建设进程不仅需要政府层面的强力推动、市场层面的利益引导，还需要社会组织积极参与进来。多方协同发力，宣传引导农村空巢老人认识新型养老模式，让农村空巢老人在实操与体验中感受到便利。

二是基于老年人群特点，形构不同帮扶体系常态化实践。社会组织可在养老服务、公共产品供给、数字化培训等多方面主动作为，从社会协同层面

加强服务供给和社会工作专业赋能，不断弥补政府与市场在农村空巢老人社会支持方面的供给不足问题。

三是运用社会组织优势，开展公益产品推广普及。积极运用乡村公益性组织、慈善组织和志愿者服务，组织农村空巢老人参与民间自治组织，在自治组织内有序开展各项社会活动。

四、强化家庭关怀，弘扬孝道精神

家庭是社会的细胞，是个体社会化得以实现的基本前提和主要载体。家庭对于农村空巢老人留守生活和养老实践具有重要作用。

一是做到家庭关怀持续性，传承孝道文化。家庭是社会的最小构成，是个体出生、成长的摇篮。同时，家庭也是子女反哺的重要场所。传承孝道文化，在日常生活的点点滴滴中关心照顾农村空巢老人，是子女义不容辞的责任。因此，在这一时期，需要不断发挥家庭成员的反哺功能，不仅在物质上支持老人的生活，还在精神上给予老人关怀和慰藉。

二是发挥数字共享效应，营造家庭关爱氛围。对于农村空巢老人来说，子女外出务工挣钱是时代发展的必然。回归家庭、照顾老人也是伦理上的必定选择，是孝道文化传承的根本所在。在这一时期，不但需要实体性支持，如经济供给、物质帮助，而且需要精神性支持，如情感交流、心理辅导、日常陪伴等。要引导在外务工的子女多与父母沟通，经常打电话回家，还应该尽量做到"常回家看看"，多满足农村空巢老人精神世界的需求。

五、激发老年教育潜能，共享数字化红利

鼓励多元化社会力量参与老年教育，在老年教育原有内容基础上强化数字技能的培养。提倡终身学习模式，让农村空巢老人中相对年轻的群体去教授年龄更大的人群使用数字产品。对于数字发展水平欠缺的农村或偏远地区，可以进一步整合利用社区教育机构、职教中心等教育资源，完善基层文化馆、图书馆、乡镇综合文化站等公共服务系统建设，结合当地实际开展适应农村空巢老人需求的数字技能培养活动。例如，设立学习体验基地，加强对农村

空巢老人的教育服务。

在数字化时代，解决农村空巢老人社会支持困境，刻不容缓。政府、社会、家庭和个人都应肩负起各自的责任，形成强大的合力。政府要持续完善政策，加大投入；社会各界要积极参与，奉献爱心；家庭成员要关爱老人，常伴左右。每个人都应心怀敬老之情，从身边小事做起。让我们携手共进，为农村空巢老人点亮一盏明灯，让他们在晚年能沐浴在温暖与幸福之中，让农村的每一个角落都充满爱与希望。

参 考 文 献

[1] 陈成文. 社会弱者论: 体制转换时期社会弱者的生活状况与社会支持 [M]. 北京: 时事出版社, 2000.

[2] 陈际华, 黄健元. 农村空巢老人互助养老: 社会资本的缺失与补偿——基于苏北 S 县"老年关爱之家"的经验分析 [J]. 学海, 2018 (6): 147—152.

[3] 陈向明. 质的研究方法与社会科学研究 [M]. 北京: 教育科学出版社, 2000.

[4] 程同顺. 中国农民组织化研究初探 [M]. 天津: 天津人民出版社, 2003.

[5] 邓伟志, 徐榕. 家庭社会学 [M]. 北京: 中国社会科学出版社, 2001.

[6] 费孝通. 乡土中国: 生育制度 [M]. 北京: 北京大学出版社, 1998.

[7] 费孝通. 江村经济——中国农民的生活 [M]. 北京: 商务印书馆, 2001.

[8] 风笑天. 社会研究方法 [M].5 版. 北京: 中国人民大学出版社, 2018.

[9] 郝亚亚, 毕红霞. 农村空巢老人社区居家养老选择意愿分析——基于山东省的问卷调查 [J]. 调研世界, 2017 (8): 23—31.

[10] 贺雪峰. 新乡土中国: 转型期乡村社会调查笔记 [M]. 桂林:

广西师范大学出版社，2003.

[11] 贺寨平. 社会网络与生存状态：农村老年人社会支持网研究 [M]. 北京：中国社会科学出版社，2004.

[12] 侯钧生. 西方社会学理论教程 [M]. 天津：南开大学出版社，2001.

[13] 黄晨熹. 老年数字鸿沟的现状、挑战及对策 [J]. 人民论坛，2020 (29)：126—128.

[14] 李丽莉，曾亿武，郭红东. 数字乡村建设：底层逻辑、实践误区与优化路径 [J]. 中国农村经济，2023 (1)：77—92.

[15] 林聚任. 社会网络分析：理论、方法与应用 [M]. 北京：北京师范大学出版社，2009.

[16] 刘少杰. 网络空间的现实性、实践性与群体性 [J]. 学习与探索，2017 (2)：37—41+175.

[17] 陆学艺. 内发的村庄 [M]. 北京：社会科学文献出版社，2001.

[18] 罗家德. 社会网分析讲义 [M]. 北京：社会科学文献出版社，2010.

[19] [美] 玛格丽特·米德. 萨摩亚人的成年——为西方文明所作的原始人类的青年心理研究 [M]. 周晓虹，李姚军，译. 杭州：浙江人民出版社，1988.

[20] 宋林飞. 西方社会学理论 [M]. 南京：南京大学出版社，1997.

[21] 邬沧萍. 社会老年学 [M]. 北京：中国人民大学出版社，1999.

[22] 叶敬忠，贺聪志. 静寞夕阳——中国农村留守老人 [M]. 北京：社会科学文献出版社，2008.

[23] 于海. 西方社会思想史 [M]. 上海：复旦大学出版社，2010.

[24] 原新. 农村空巢老人的养老困境与化解之道 [J]. 人民论坛，2019 (28)：69—71.

[25] 张静. 基层政权——乡村制度诸问题 [M]. 杭州：浙江人民出版社，2000.

[26] 周飞舟. 从汲取型政权到"悬浮型"政权——税费改革对国家与农民关系之影响 [J]. 社会学研究, 2006 (3): 1—38.

[27] 周林刚. 社会支持与激发权能: 以城市残障人福利实践为视角 [M]. 北京: 社会科学文献出版社, 2009.

[28] 周雪光. 组织社会学十讲 [M]. 北京: 社会科学文献出版社, 2003.

附录1

数字化时代农村空巢老人社会支持调查问卷

第一部分　基本情况

A1　您的性别（　　）

1. 男

2. 女

A2　您属于以下哪个年龄段（　　）

1. 60—64 岁

2. 65—69 岁

3. 70—74 岁

4. 75—79 岁

5. 80 岁以上

A3　您的文化程度（　　）

1. 文盲

2. 小学

3. 初中

4. 高中及以上

A4　您目前的婚姻状况是（　　）

1. 有配偶

2. 丧偶

3. 离婚

A5　家里常年在外打工（包括在外工作）的有_____人

A6　您目前和谁住在一起？（　　）

1. 一个人独住
2. 与配偶同住
3. 与未成年的孙子女同住
4. 与子女同住
5. 其他

第二部分　日常生产、生活状况

B　物质生活方面

B1　您现在下地劳动吗？（　　）

1. 经常
2. 偶尔
3. 从不

B2　农活对于您而言怎样？

1. 很重
2. 有点重
3. 说不清
4. 较轻松

B3　您目前生活主要来源是（限选 3 项）（　　）

1. 子女/女婿/儿媳孝敬
2. 自己积蓄
3. 社会救济
4. 自己劳动
5. 政府补贴
6. 其他（注明）

B4　您的子女的供养方式有哪些？（任选 2 项）

1. 实物（粮食、衣服等）
2. 现金
3. 帮助缴纳有关生产生活费用
4. 其他

B5　您每年的经济支出大约为多少元？

1. 9000 元以下
2. 9001—10000 元
3. 10001—11000 元
4. 11001—12000 元
5. 12000 元以上

B6　您家一年的经济毛收入（包括子女给的、政府补贴等）大约为多少元？（　　）

1. 8000 元以下
2. 8001—9000 元
3. 9001—10000 元
4. 10001—11000 元
5. 11001—12000 元
6. 12000 元以上

B7　您对自己经济状况的评价（　　）

1. 相当充裕　　　　　　　　　2. 大致够用

3. 有点困难　　　　　　　　　4. 相当困难

C　健康医疗方面

C1　您目前的身体状况如何？

1. 很好　　　　　　　　　　　2. 一般

3. 体弱　　　　　　　　　　　4. 不好

C2　您目前的生活能否自理？（　　）

1. 完全能自理　　　　　　　　2. 基本能自理

3. 部分能自理　　　　　　　　4. 完全不能自理

C3　当您生病时，一般会采取哪些措施？

1. 忍着，不去看病，也不吃药　2. 不去看医生，但自己买药吃

3. 去找医生看病　　　　　　　4. 其他

C4　您认为当前医院收费如何？

1. 很贵　　　　　　　　　　　2. 有点贵

3. 说不清　　　　　　　　　　4. 比较便宜

C5　去年一年您全家医药费大约花了多少钱？（　　）

C6　您的医疗保健费用来源于（可多选）（　　）

1. 子女/女婿/儿媳　　　　　　2. 自己积蓄

3. 亲戚　　　　　　　　　　　4. 朋友

5. 政府　　　　　　　　　　　6. 其他（注明）

C7　您参加了新农村合作医疗吗？（　　）

1. 参加了　　　　　　　　　　2. 没有（跳答到 C10 部分）

C8　您觉得新农村合作医疗对您看病有帮助吗？（　　）

1. 有帮助（跳答到 C10 部分）　2. 没什么帮助

C9　您认为新农村合作医疗没有给您看病带来帮助的主要原因是？（　　）

1. 报销的钱太少　　　　　　　2. 报销手续太麻烦

3. 不知道怎么去报销　　　　　　　4. 其他

C10　总体而言，您对自己目前的生活感觉（　　）

1. 非常满意　　　　　　　　　　　2. 比较满意

3. 一般　　　　　　　　　　　　　4. 不太满意

5. 非常不满意

D　精神生活方面

D1　您觉得子女对您（　　）

1. 非常不孝顺　　　　　　　　　　2. 不太孝顺

3. 一般　　　　　　　　　　　　　4. 比较孝顺

5. 非常孝顺

D2　您的子女一般多久回家一次？（　　）

1. 一年一次　　　　　　　　　　　2. 一年两次

3. 一年三次及以上　　　　　　　　4. 两年或者几年一次

D3　您的子女在外，逢年过节如不回来是否打电话回家？（　　）

1. 是　　　　　　　　　　　　　　2. 否（跳答至 D5 题）

D4　您的子女在外，一年大概打几次电话回家？（　　）

1. 5 次以下　　　　　　　　　　　2. 5-10 次

3. 10-15 次　　　　　　　　　　　4. 15 次以上

D5　对于您的子女外出打工，您的态度是？（　　）

1. 赞成　　　　　　　　　　　　　2. 反对

3. 很矛盾　　　　　　　　　　　　4. 无所谓

D6　您觉得娱乐活动是否重要？（　　）

1. 非常重要　　　　　　　　　　　2. 比较重要

3. 一般　　　　　　　　　　　　　4. 不太重要

5. 不重要

D7　您觉得您的娱乐时间充足吗？（　　）

1. 非常充足　　　　　　　　　　　2. 比较充足

3. 一般　　　　　　　　　　　　　4. 不太充足

5. 几乎没有

D8　您认为您一般所从事的娱乐活动有哪些?

1. 照看孙子女　　　　　　　2. 串门聊天

3. 赶集　　　　　　　　　　4. 看电视、听广播

5. 走亲戚　　　　　　　　　6. 其他

D9　总体而言,您觉得您的生活和周围其他老人相比如何?

1. 好些　　　　　　　　　　2. 差不多

3. 差些

D10　您和邻居、朋友的接触、联系(　　)

1. 很少　　　　　　　　　　2. 比较少

3. 一般　　　　　　　　　　4. 比较多

5. 很多

第三部分　社会支持状况

1. 子女/女婿/儿媳　2. 配偶　3. 孙子女　4. 兄弟姐妹　5. 其他亲戚　6. 朋友
7. 邻居　8. 村、组干部　9. 其他人(同村人、熟人等)

实际支持

E1　当子女不在身边,急需用钱时,您一般会向谁求助?(　　)

E2　当家中有些农活需要别人帮忙,您会请谁来帮助您?(　　)

E3　当您需要借油盐酱醋之类日常用品或者需要借个农具时,您会找谁借?(　　)

E4　当您得了病需卧床休息时,谁来照顾您或帮您做家务?(　　)

情感支持

E5　当在生活中遇到一件很重要的事情,需要您作出决定,您找谁商量?(　　)

E6　当与配偶或子女发生矛盾,而又无法与其讨论解决,您会找谁谈这些问题或找谁来帮助解决?(　　)

E7　当您心情不好或者抑郁时，想找人谈谈，您会找谁来谈呢？（　　）

社交支持

E8　您常和谁一起外出，如赶集（会）、逛商店、看戏、看电影等？（　　）

E9　您一般会到何处串门或者和谁经常一起聊天？（　　）

E10　当您在家里遇到偷盗等治安问题时，您一般会向谁求助？（　　）

附录 2

既往时期农村空巢老人社会支持访谈提纲

（D 村）

一、实际支持

1. 当子女不在身边，急需用钱时，您一般会向谁求助？

1.1　为什么您会选择这些人群？

1.2　提到的人和被访者的关系是什么？

1.3　请简要介绍一下当前农村借钱的状况。

2. 当家中有些活需要别人帮忙，如农活、搬搬抬抬等，您会请谁来帮助您？

2.1　为什么您会选择这些人群？

2.2　提到的人和被访者的关系是什么？

2.3　当前农村重活帮助的总体状况是怎样的？

3. 当您需要借油盐酱醋之类日常用品或者需要借个农具时，您会找谁借？

3.1　为什么您会选择这些人群？

3.2　提到的人和被访者的关系是什么？

3.3　农村借用物品的氛围是怎样的？

4. 您得了病需卧床休息时，谁来照顾您或帮您做家务？

4.1　为什么您会选择这些人群？

4.2　提到的人和被访者的关系是什么？

5. 是否感受到获得实际社会支持？感觉满意吗？

二、情感支持

6. 当在生活中遇到一件很重要的事情，需要您作出决定，您找谁商量？

6.1　为什么您会选择这些人群？

6.2　提到的人和被访者的关系是什么？

6.3　农村都有哪些事需要您作决定？

7. 当与配偶或子女发生矛盾，而又无法与其讨论解决，您会找谁谈这些问题或找谁来帮助解决？

7.1　为什么您会选择这些人群？

7.2　提到的人和被访者的关系是什么？

7.3　和家庭成员发生矛盾的主要原因是什么？

8. 当您心情不好或者抑郁时，想找人谈谈，您会找谁来谈呢？

8.1　为什么您会选择这些人群？

8.2　提到的人和被访者的关系是什么？

8.3　您心情不好或抑郁的时候多吗？还有没有其他的排解方式？

9. 是否感受到获得情感支持？感觉满意吗？

三、社交支持

10. 您常和谁一起外出，如赶集（会）、逛商店、看戏、看电影等？

10.1　为什么您会选择这些人群？

10.2　提到的人和被访者的关系是什么？

10.3　当前农村的娱乐活动多吗？

11. 您一般会到何处串门或者和谁经常一起聊天？

11.1　为什么您会选择这些人群？

11.2　提到的人和被访者的关系是什么？

11.3　您聊天的话题通常是什么？

12. 当您在家里遇到偷盗等治安问题时，您一般会向谁求助？

12.1　为什么您会选择这些人群？

12.2　提到的人和被访者的关系是什么？

12.3　当前农村的治安状况是怎样的？

13. 是否感受到获得社会交往支持？感觉满意吗？

数字化时代农村空巢老人社会支持访谈提纲

（F 新型社区）

一、实际支持

1. 当子女不在身边，急需用钱时，您一般会向谁求助？

1.1　为什么您会选择这些人群？

1.2　提到的人和被访者的关系是什么？

1.3　请简要介绍一下您住进小区后，还存在邻居相互借钱现象吗？

1.4　现在借钱，还会采用现金方式吗？

2. 当家中需要别人帮忙，如婚丧嫁娶等，您会请谁来帮忙？

2.1　为什么您会选择这些人群？

2.2　提到的人和被访者的关系是什么？

2.3　当前还存在过去那种农业生产方面帮忙的行为吗？

3. 居住在小区里，是否会有借油盐酱醋之类日常用品等行为？如果还存在，您会找谁去借？

3.1　为什么您会选择这些人群？

3.2　提到的人和被访者的关系是什么？

3.3　现在小区住户借用物品的范围有哪些，和过去有什么不同？

4. 当您生病需卧床休息时，谁来照顾您或帮您做家务？

4.1　为什么您会选择这些人群?

4.2　提到的人和被访者的关系是什么?

5. 小区居住,是否感受到实际社会支持,或者相较分散居住,您总体感觉怎样?

二、情感支持

6. 当在生活中遇到一件很重要的事情,需要您作出决定,您找谁商量,或者从哪些地方寻找信息资源?

6.1　为什么您会选择这些人群?

6.2　提到的人和被访者的关系是什么?

6.3　农村都有哪些事需要您作决定?

7. 当与配偶或子女发生矛盾,而又无法与其讨论解决,您会找谁谈这些问题或找谁来帮助解决?

7.1　为什么您会选择这些人群?

7.2　提到的人和被访者的关系是什么?

7.3　和家庭成员发生矛盾的主要原因是什么?

8. 当您心情不好或者抑郁时,想找人谈谈,您会找谁来谈呢?

8.1　为什么您会选择这些人群?

8.2　提到的人和被访者的关系是什么?

8.3　您心情不好或抑郁的时候多吗?还有没有其他的排解方式?

8.4　您心情不好时需要倾诉,亲戚朋友会认真听您倾诉吗?主要是通过什么方式来进行倾诉?

9. 小区居住,是否感受到获得情感支持?总体感觉相较以前分散居住,是否满意?

三、社交支持

10. 您在小区里居住,还经常性相约一起外出到街上去吗?

11. 您现在出行一般采用什么方式?

12. 在小区里，村级安排的娱乐活动多吗？愿意参加的主要是哪些人？

13. 假如要出去串门、闲逛，您会选择在什么地方，一般有哪些人？

13.1 为什么您会选择这些人群？

13.2 提到的人和被访者的关系是什么？

13.3 您聊天的话题通常是什么？

14. 小区居住，安全问题是否能够保证？您住进小区后，有没有发生偷盗等治安问题？当您在家里遇到偷盗等治安问题时，您一般会向谁求助？

14.1 为什么您会选择这些人群？

14.2 提到的人和被访者的关系是什么？

14.3 当前小区的治安状况是怎样的？

15. 在小区里，是否感受到获得社会交往支持？在总体上感觉满意吗？

16. 在网络时代，您总体上感觉还能适应吗？

17. 现在超市、医院等公共场所，基本上都需要扫码，您是怎么解决的？

18. 如果出现数字支付、网上预约等情况，一般会向哪些人求助？为什么选择这些人，他们的服务态度怎样？

19. 对于集中居住后，您遇到的困难，村里和乡镇干部是否经常性来帮助解决？还是任其自然发展，各自寻找解决办法？

20. 对于现在这种数字产品泛滥现象，您认为对老年人怎样更加合适？家里子女们是否主动帮助您适应这种现实？

附录 3

农村空巢老人访谈人员基本情况一览

（D 村 26 人）

姓名	性别	年龄	姓名	性别	年龄
A1	男	67 岁	H2	男	62 岁
A2	男	64 岁	J1	男	61 岁
B1	男	68 岁	J2	男	69 岁
B2	男	65 岁	K1	男	69 岁
C1	女	64 岁	K2	男	65 岁
C2	男	65 岁	L1	女	64 岁
D1	男	63 岁	L2	女	67 岁
D2	男	67 岁	M1	男	62 岁
E1	男	65 岁	M2	男	62 岁
F1	女	65 岁	N1	男	65 岁
G1	男	62 岁	N2	男	63 岁
G2	男	61 岁	ZL	男	65 岁
H1	男	64 岁	村主任	男	55 岁

（F 新型社区 40 人）

姓名	性别	年龄	姓名	性别	年龄
DY	男	72 岁	LDW	男	68 岁
QT	女	78 岁	LY	男	67 岁
TRL	男	75 岁	FJ	男	67 岁
LI	男	72 岁	JW	男	68 岁
ZP	男	75 岁	CBS	男	68 岁
MQ	男	69 岁	HD	女	73 岁
QR	男	63 岁	KGL	男	76 岁
CS	男	68 岁	JL	男	66 岁
GT	女	69 岁	BY	男	69 岁
TL	男	71 岁	ZS 女儿	女	42 岁
ZSW	男	65 岁	PY	男	75 岁
QPO	男	72 岁	KGF	男	65 岁
KO	女	65 岁	THJ	男	69 岁
SW	男	69 岁	XA	女	61 岁
FG	男	75 岁	SD	男	71 岁
QW	女	75 岁	MZC	男	76 岁
WSY	女	69 岁	S 镇党委副书记	男	39 岁
TFH	男	62 岁	镇联系村干部 Z 站长	男	38 岁
QPO 儿子	男	45 岁	F 新型社区 F 书记	女	42 岁
DWL 儿子	男	41 岁	F 新型社区 T 委员	男	51 岁

后　记

　　行文至此，搁笔沉思之际，往事如过电影般一幕幕闪现在眼前……

　　2010 年代，当我从沉寂十多年的工作场域、遵循十多年的生活惯习中走出来，重拾书本，一心向学时，对未来的迷茫在看似平静的外表掩饰下显示不太出来；当我以大龄人员的身份加入攻读硕士学位的大军中，背井离乡、独自一人乘坐飞驰的列车穿越中原大地、秦岭山脉，来到西北这座陌生的城市、雅静的校园、久别的书斋时，那种忐忑与不安时时萦绕心头，挥之不去。然而，经过三年多的硕士研究生学习并顺利毕业，从门外汉跨进社会学门槛的时候，我心稍安。

　　我是一个悟性不高的人。在攻读硕士学位阶段，为了能实现当初的梦想，始终执着于社会学的责任田里，一直不停地努力着，努力着，只为硕士服加身的那一刻。丢掉书本许久，求学的艰难，在日常专业课学习、公共课学习中逐渐显露出来。而毕业论文的选题与开题，则让我对于硕士研究生生涯有了更多的认知。如何选题，如何破题，如何开展文献梳理，提出研究问题，谋篇布局，安排文章结构，等等，让我深知硕士学位的获得何其艰辛。好在导师不弃、其他老师共同帮助，完成了这一过程，我如期毕业。

　　回忆过往，当我于 1990 年代大学毕业后，就在想象着以后不再踏足校园半步，从此与学校、教室等彻底分开。之后，在被分配到乡镇政府工作的几年里，我深耕农村工作，下乡入户，学习如何与群众打交道，如何开展农村工作。那时候的工作焦点从计划生育工作到催缴农业税费工作，从宣传农村农业政策到点对点开展农村工作帮扶工作。在此过程中，我学习了农村工作方法，学会了如何与群众交流、谈心，如何能够在与群众交流谈心中持续下去而不会冷场，进而有效推动工作；也观察到农村社会诸多现实，以及农村发展中存在的诸多问题。硕士毕业论文选题之初，农村诸多现实都在不经意间闪现于脑际，难以取舍。到底选择怎样的研究主题呢!?

农村空巢老人这一群体映入眼帘，则是我于硕士研究生暑假期间回到老家，看到农村空心、农民空巢、农业空置等"三农"问题在我的家乡日益凸显，进而引发了自己的思考。如何将农村空巢老人纳入研究范畴，在未来一段时间内将会具有延展性。选择这一对象，则是聚焦于人口老龄化背景而生发的具体研究取向。

农村空巢老人社会支持研究，在特定时代的行动表征与现状描述，在文本中慢慢展开。从农村空巢老人总体性生存境遇，到类型化社会支持分析，再到影响因素探究，直至形成对于其社会学学科层面的理论阐述。究其根本，农村空巢老人社会支持现状的基本景象呈现为晚年生活的无奈与无助。而其实际支持、情感支持、社交支持层面的分类型阐述，则更显其社会支持之不足与困顿。在影响因素剖析上，从空巢老人个体人口学特征、农村经济发展水平、城乡二元户籍制度、国家社会保障政策等不同层面展开，形构出这一人群留守农村过程中的行为动因与必定结果。在学理层面上，借鉴社会学相关理论予以解读，并将之放置到特定时代背景下予以阐释。

硕士论文完稿之际，也即预示着硕士生涯的结束。在完成离校各项手续后，我悄然回到了原先委培读研的工作单位，继续从事我的农村工作，继续在下乡入户、文稿写作中完成自己的日常实践。但是对于农村空巢老人群体的关注始终如一，始终心系、牵挂，念念不忘。于是，我在想象中认为，读博期间能否继续这一研究主题。但是，由于诸种原因，博士毕业论文选择了另一个关于"农村基层干部正式权力运作"的主题。其时，农村空巢老人虽然没有进入博士论文选题，但是围绕这一主题的调研与访谈，却在日常工作与生活中不间断展开。

2020年代，城乡融合发展加快，青壮年农民外出务工，流动到大城市基本态势仍然如昔，并呈现加速发展样态。农村空巢老人群体也随之增加，并达到文中资料所呈现的一定规模。尤其在农村地区增减挂钩项目政策推进中，农民"被上楼"，开始自己所不习惯的日常实践，进入社区居民楼的狭小空间中，如何开展生产生活等，形成了这一阶段的思考重点。伴随人口流动时代产生的农村空巢老人聚集一地，形成新型农村社区里的空巢老人现象。到了数字化时代，伴随着网络社会的崛起，数字产品下乡等活动的开展使得农村社会接受现代科技的直接输入而快速步入数字通识阶段。如何呈现这一时期农村空巢老人社会支持样态与数字化困扰现象，成为我此时此刻关注的基本话题。

党的二十大报告指出，实施积极应对人口老龄化国家战略……推动实现全体老年人享有基本养老服务，农村空巢老人不能排除在外。本书采用同期群研究策略，在 2010 年代与 2020 年代等不同时点，对农村空巢老人社会支持总体状况、类别化样态以及数字化困扰等展开阐述，并从类别化、底层逻辑上透析其影响因素，然后在实践惯习、社会排斥框架下予以解读。我还在对策建议上进行构思，提出政府推动、市场支持、社会帮助、家庭关怀、个体努力的多元统合纾解路径。

本书即将完结，也即意味着我关于这一主题的思考进入尾声。但是，基于研究的持续性，针对农村特殊人群的关注仍是未竟话题，也许这将会是探究另一主题的开端吧！

往事不堪回首，回首即是故事。本书出版实属不易，在写作过程中的点点滴滴，有太多追忆，也有太多的人需要感谢！

首先，我要感谢我的硕士生导师岳天明老师。岳老师治学严谨、谦逊宽容，在学术上一直精益求精，力求做到极致；在处事上崇尚沉稳、低调，但求事功，不事张扬；在待人上时刻保持真诚、平和，淡定从容。其对于我撰写"农村空巢老人社会支持研究"硕士论文从选题、开题到成文等全过程予以关注，并在字斟句酌中教会我如何研学，如何推动学业进程。回溯过往，西北师大三年，时光易逝，也是我能否从事科研之路的起点。西北的风土人情不同于中原大地的山山水水，兰州的风俗习惯也有别于生我养我的故乡。他们给我留下太多可供回忆的往事，黄河沿岸的号子声和在激流中搏击的羊皮筏也将永远镌刻在我的心灵深处。

其次，我还要感谢我的博士生导师叶南客老师。忝列叶门，实属偶然，但也是必然。回想当时情景，和叶老师第一次见面，忐忑的心情至今仍有所感受。随后的学习生涯中，老师在师生初次进面会上的一句"小陈是为了情怀而来读博的"，一直念念难忘，成为我向上向前并克服科研之路诸多困难的不竭动力。在博士毕业论文撰写过程中，老师更多是从确定主题与政策方向、篇章结构与遣词造句等方面予以指导，让我在这一宏观框架下自行发挥与自行训练。其对于我学习生涯的"放羊式"管理与学术成果的导向性把控，给予我一定的自由度，能够做自己愿意做的学问，研究自己喜欢的课题。同时，这一方式，于我而言，也有利于发挥自身潜质，让自己在学术的海洋中自由翱翔，并且还能够有效遵循学术共同体规则，在学术框架下求真知、做学问。在毕业之后，这一理念持续影响着我，让学术研究成为我的长久志趣并努力践行之。

接下来，我还要感谢我的妻子钱女士。在我 2010 年代攻读硕士学位期间，她独自一人承担起了家庭的全部重担。既要忙于上班，又要精心照顾孩子生活起居，还要辅导孩子学习，可谓非常劳累。尤其是在 2020 年代，当我攻读博士学位时，她依然无怨无悔予以支持。我的儿子陈同学也在这十多年间从幼儿园、小学、中学直到跨入大学校门。而我总是忙于自己的学习与工作，忙于资料收集以及书稿撰写，而忽略了对其更为深切的关爱与照顾。我的父母、岳父母，他们也总是在我无助的时候及时出现，用抚慰的语言和深厚的情感给予我信心和勇气，坚定了我沿着这条路继续走下去的信念。

最后，我还要感谢在 2010 年代调研时 Z 乡 D 村的朋友和同事们，尤其感谢村主任一家在我集中驻村那一段时间的关照；感谢在 2020 年代调研时 S 镇 F 新型社区的父老乡亲们，他们对于我的调研访谈与资料收集给予了极大的支持与帮助！在实地调研的那段日子里，他们给我提供了良好的生活环境和周到细致的服务。他们的坦率和开朗为我的这项研究提供了第一手素材，从而也有助于本书的完结。当然，本书得以出版，还要感谢安徽工程大学人文学院领导和同事给予的支持与帮助，感谢出版社编辑老师认真负责的工作。

但是，由于自身学术水平有限，理论造诣不深，本书的缺点和不妥之处在所难免，真诚期望各位同仁和广大读者批评指正。

纸短情长，琐碎的几页文字显然不能完全抒发我的挚诚情感。谨以此作为后记，权当是记录人生经历的又一符码吧！

本书由安徽工程大学引进人才科研启动基金（2023YQQ014）、产教融合背景下的工科人才培养体系研究（JG12019030）、安徽省高等学校科学研究项目（哲学社会科学）重点项目（2023AH050889）资助出版，深表谢意！

图书在版编目（CIP）数据

数字化时代农村空巢老人社会支持研究/陈继著．--合肥：合肥工业大学出版社，2025．--ISBN 978 - 7 - 5650 - 7079 - 2

Ⅰ.D669.6

中国国家版本馆 CIP 数据核字第 2025E0G428 号

数字化时代农村空巢老人社会支持研究

陈　继　著　　　　　　　　　　责任编辑　王钱超

出　　版	合肥工业大学出版社	版　次　2025 年 5 月第 1 版
地　　址	合肥市屯溪路 193 号	印　次　2025 年 5 月第 1 次印刷
邮　　编	230009	开　本　710 毫米×1010 毫米　1/16
电　　话	人文社科出版中心：0551 - 62903205	印　张　9.75
	营销与储运管理中心：0551 - 62903198	字　数　144 千字
网　　址	press. hfut. edu. cn	印　刷　安徽联众印刷有限公司
E-mail	hfutpress@163. com	发　行　全国新华书店

ISBN 978 - 7 - 5650 - 7079 - 2　　　　　　　　　　定价：42.00 元

如果有影响阅读的印装质量问题，请与出版社营销与储运管理中心联系调换